Histoire des deux Indes

CRIN
Cahiers de recherche des instituts néerlandais de langue et de littérature françaises

Direction

Franc Schuerewegen
Marc Smeets

Conseil de rédaction

Emmanuel Bouju (*Rennes*)
Marc Escola (*Lausanne*)
Karen Haddad (*Paris*)
Sjef Houppermans (*Leyde*)
Jean Kaempfer (*Lausanne*)
Michel Pierssens (*Montreal*)
Nathalie Roelens (*Luxembourg*)
Jean-Marie Seillan (*Nice*)
Sylvie Thorel-Cailleteau (*Lille*)

VOLUME 68

The titles published in this series are listed at *brill.com/crin*

Portrait de Guillaume-Thomas Raynal orné d'une carte de Virginie (gravure attribuée à Dupin)

Histoire des deux Indes

Raynal et ses doubles

Textes réunis et présentés par

Pierino Gallo

BRILL

LEIDEN | BOSTON

Illustration de couverture : portrait de Guillaume-Thomas Raynal orné d'une carte de Virginie (gravure attribuée à Dupin).

The Library of Congress Cataloging-in-Publication Data is available online at https://catalog.loc.gov
LC record available at https://lccn.loc.gov/2021919844

Typeface for the Latin, Greek, and Cyrillic scripts: "Brill". See and download: brill.com/brill-typeface.

ISSN 0169-894X
ISBN 978-90-04-47276-1 (paperback)
ISBN 978-90-04-47277-8 (e-book)

Copyright 2022 by Koninklijke Brill NV, Leiden, The Netherlands.
Koninklijke Brill NV incorporates the imprints Brill, Brill Nijhoff, Brill Hotei, Brill Schöningh, Brill Fink, Brill mentis, Vandenhoeck & Ruprecht, Böhlau Verlag and V&R Unipress.
All rights reserved. No part of this publication may be reproduced, translated, stored in a retrieval system, or transmitted in any form or by any means, electronic, mechanical, photocopying, recording or otherwise, without prior written permission from the publisher. Requests for re-use and/or translations must be addressed to Koninklijke Brill NV via brill.com or copyright.com.

This book is printed on acid-free paper and produced in a sustainable manner.

Sommaire

Remerciements IX
Notices sur les auteurs X
Sigles et abréviations XV

Introduction 1
   Pierino Gallo

L'*Histoire des deux Indes* aux prises avec l'événement révolutionnaire, ou le dévoilement public de la polygraphie : Diderot révolutionnaire *versus* Raynal conservateur ? 4
   Pascale Pellerin

« Altercolonialisme » en débats, au sein et autour de l'*Histoire des deux Indes* face au miroir de la mer : historiographie et discours comparés sur les pirateries 19
   Erwan Aidat et Yves Terrades

Raynal géographe ? La construction et les représentations de l'espace dans le livre VII de l'*Histoire des deux Indes* 37
   Matthias Soubise

Deux conceptions opposées de l'empire chinois dans l'*Histoire des deux Indes* 53
   Li Ma

L'image des *conquistadores* et de l'Espagne dans l'*Histoire des deux Indes* : un double regard 67
   María José Villaverde

« Traduire » l'oralité – appel au pouvoir, dialogicité et prises de parole non-européennes dans l'*Histoire des deux Indes* 85
   Hans-Jürgen Lüsebrink

Le Philosophe, l'Européen et le Sauvage 100
   Pierino Gallo

Entre rythme et mutisme : la figure de l'Africain dans l'*Histoire des deux Indes* de 1780   112
   Jonathan Camio

Orientation bibliographique   121
Index   125

Remerciements

Nous souhaitons ici témoigner notre sincère reconnaissance aux directeurs en chef des c.r.i.n., Franc Schuerewegen et Marc Smeets, pour l'intérêt qu'ils ont porté à ce recueil d'études.

Nous tenons aussi à exprimer notre gratitude à Gianluigi Goggi, fin dix-huitiémiste et spécialiste de Raynal, pour son travail de relecture et ses conseils avisés.

Nos remerciements vont enfin à tous ceux qui ont cru dans ce projet en acceptant d'y contribuer. Merci à leurs « voix » qui ont rendu hommage, encore une fois, à la valeur polyphonique de la recherche.

Notices sur les auteurs

Erwan Aidat
est agrégatif en histoire à l'Université Paris 1 Panthéon-Sorbonne. Sous la direction de Benoît Musset à l'université du Mans, après un premier mémoire consacré à une analyse économique de la guerre de course française pendant la guerre de Sept Ans (1756-1763), il se consacre à l'*Histoire des deux Indes* en master 2 afin de mettre en exergue la manière dont l'historiographie du « fait maritime » y sert la promotion d'un projet colonial, selon une démarche qu'il nomme altercolonialisme.

is candidate for the *agrégation* in History at the University of Paris 1 Panthéon-Sorbonne. He wrote a Pathway dissertation, his Masters 1, under Benoît Musset at the University of Le Mans, which dealt with privateering during The Seven Years' War (1756-1763). Since then, in Masters 11, he has – for his Specialisation dissertation – also under B. Musset, been researching the *Histoire des deux Indes*, in order to highlight the way in which the historiography of the « maritime phenomenon » is linked with the promotion of a colonial plan that he calls altercolonialism.

Jonathan Camio
est professeur de lettres et d'histoire-géographie au Lycée Charles Baudelaire de Fosses (Val-d'Oise). Formateur pour l'Académie de Versailles, il intervient plus particulièrement auprès des enseignants de l'Enseignement secondaire. Ses travaux historiques portent sur la place de l'abbé Raynal au sein de la Dispute du Nouveau-Monde et sur les descriptions du continent américain par les philosophes des Lumières.

teaches Literature, History and Geography at the Lycée Charles Baudelaire in Fosses (Val-d'Oise). Also trainer for the Versailles academy, his works focus on the place of Raynal in the Dispute of the New World and on the depiction of America by French Enlightenment *philosophes*.

Pierino Gallo
est professeur de littérature française à l'Université de Messine (Italie) et membre associé de l'IHRIM-Saint-Étienne. Ses recherches portent essentiellement sur l'épopée française moderne (XVIIIe-XIXe siècles), la fiction des Lumières et l'Amérique des écrivains français au XVIIIe et au XIXe siècle. Il a réalisé de nombreuses études sur Marmontel, Voltaire, Raynal et Chateaubriand. Parmi ses travaux les plus récents : *Chateaubriand et l'épopée du Nouveau*

Monde. Intertextualité, imitations, transgressions, Paris, Eurédit, 2019 (monographie); *(Re)lire* Les Incas *de Jean-François Marmontel*, Clermont-Ferrand, Presses Universitaires Blaise Pascal, 2019 (volume collectif); Jean-François Marmontel, *Alcibiade ou le Moi, Les Quatre Flacons et autres contes*, Paris, L'Harmattan, 2019 (édition critique); *Amérique(s) poétique(s) entre Ancien et Nouveau Monde. L'espace américain comme nouveau territoire de la fiction de Fontenelle à Chateaubriand*, Clermont-Ferrand, Presses Universitaires Blaise Pascal, 2021 (volume collectif). Il dirige, avec Philippe Antoine, le *Dictionnaire Chateaubriand* et est chargé de l'édition des *Natchez* (épopée indienne de Chateaubriand) à l'intérieur des *Œuvres complètes* en cours de publication chez Champion.

is Professor of French Literature at the University of Messina (Italy) and an associate member of IHRIM-Saint-Étienne. His research primarily focuses on the evolution of the epic genre in the 18th and 19th centuries, on Enlightenment fiction and on representations of America in Modern French Literature. He has written numerous articles on Marmontel, Voltaire, Raynal and Chateaubriand. Among his most recent publications: *Chateaubriand et l'épopée du Nouveau Monde. Intertextualité, imitations, transgressions*, Paris, Eurédit, 2019 (monograph); *(Re)lire* Les Incas *de Jean-François Marmontel*, Clermont-Ferrand, Presses Universitaires Blaise Pascal, 2019 (collectaneous volume); Jean-François Marmontel, *Alcibiade ou le Moi, Les Quatre Flacons et autres contes*, Paris, L'Harmattan, 2019 (critical edition); *Amérique(s) poétique(s) entre Ancien et Nouveau Monde. L'espace américain comme nouveau territoire de la fiction de Fontenelle à Chateaubriand*, Clermont-Ferrand, Presses Universitaires Blaise Pascal, 2021 (collectaneous volume). Along with Philippe Antoine, he is the General Editor of the *Dictionnaire Chateaubriand* and is in charge of editing *Les Natchez* (Chateaubriand's Indian epic) within the *Œuvres complètes* currently being published by Champion.

Hans-Jürgen Lüsebrink

est professeur senior d'Études Culturelles Romanes et de Communication Interculturelle à l'Université de la Sarre (Allemagne); doctorats en philologie romane (Bayreuth, 1981) et histoire (EHESS, Paris, 1984), habilitation en philologie romane (Bayreuth, 1987). Il est membre fondateur de l'École Doctorale « Diversity: Mediating Difference in Transcultural Spaces » des Universités de Montréal, Trier et Saarbrücken (2013-2022). Ses domaines de recherche concernent les transferts culturels en Europe et entre l'Europe et les sociétés non-européennes, l'histoire littéraire et culturelle des Lumières dans une perspective transculturelle (notamment en rapport avec les encyclopédies et les almanachs), les littératures et les cultures francophones hors d'Europe

(Afrique, Québec). Parmi ses travaux les plus récents, on peut mentionner les volumes collectifs : *Écrire l'encyclopédisme. Du XVIIIᵉ siècle à nos jours* (avec Susanne Greilich, Paris, Garnier, 2020), et *Cultural Transfers Reconsidered* (avec Steen Bille Jorgensen, Amsterdam, Brill, 2020).

is Senior Professor of Romance Cultural Studies and Intercultural Communication at Saarland University (Germany); he holds a PhD in Romance Philology (Bayreuth, 1981) and in History (EHESS, Paris, 1984), and a Habilitation in Romance Philology (Bayreuth, 1987). He is a founding member of the Doctoral School « Diversity: Mediating Difference in Transcultural Spaces » of the Universities of Montreal, Trier and Saarbrücken (2013-2022). His fields of research concern cultural transfers within Europe and between Europe and non-European societies, the literary and cultural history of the Enlightenment in a transcultural perspective (particularly in relation to encyclopedias and almanacs), French-speaking literatures and cultures outside Europe (Africa, Quebec). Among his most recent works are the collectaneaous volumes: *Écrire l'encyclopédisme. Du XVIIIᵉ siècle à nos jours* (with Susanne Greilich, Paris, Garnier, 2020), and *Cultural Transfers Reconsidered* (with Steen Bille Jorgensen, Amsterdam, Brill, 2020).

Li Ma

est maître de conférences en langue et littérature françaises à l'Université de Yangzhou (Chine). Elle a fait une thèse en littérature française à l'Université Paul-Valéry-Montpellier publiée plus tard sous le titre *L'Art de gouverner chinois dans les périodiques de langue française de 1750 à 1789* (Montpellier, Presses Universitaires de la Méditerranée, 2019). Ses travaux de recherche portent principalement sur les représentations de la Chine dans les productions textuelles du XVIIIᵉ siècle, les échanges culturels entre la France et la Chine, et les périodiques d'Ancien régime.

is a Lecturer in French Language and Literature at Yangzhou University (China). She graduated from the Paul-Valéry University, Montpellier, with a thesis on French Literature which was later published under the title *L'Art de gouverner chinois dans les périodiques de langue française de 1750 à 1789* (Montpellier, Presses Universitaires de la Méditerranée, 2019). Her research focuses on representations of China in 18th-century textual productions, cultural exchanges between France and China, and Ancien régime periodicals.

Pascale Pellerin

est chargée de recherche au CNRS (UMR IRHIM-5317) et rattachée à l'Université Lyon 2. Spécialiste de la réception des philosophes du XVIIIᵉ siècle à nos jours, elle étudie actuellement la place des écrivains des Lumières dans la conquête puis la colonisation de l'Algérie. Elle a publié une soixantaine d'articles, deux ouvrages (*Lectures et images de Diderot de l'Encyclopédie à la fin de la Révolution*, 2000 ; *Les philosophes des Lumières dans la France des années noires, 1940-1944*, 2009), et a dirigé deux volumes aux éditions Garnier dont le dernier, *Les Lumières, l'esclavage et l'idéologie coloniale, XVIIIe-XXe siècles*, est paru en 2020.

is a research fellow at the CNRS (UMR IHRIM-5317) and attached to the University of Lyon 2. A specialist in the reception of *philosophes* from the 18th century to the present day, she is currently studying the place of Enlightenment writers in the conquest and colonization of Algeria. She has published some 60 articles, two books (*Lectures et images de Diderot de l'Encyclopédie à la fin de la Révolution*, 2000; *Les philosophes des Lumières dans la France des années noires, 1940-1944*, 2009), and has directed two volumes in the Garnier editions of which the last, *Les Lumières, l'esclavage et l'idéologie coloniale, XVIIIe-XXe siècles*, was published in 2020.

Matthias Soubise

agrégé de lettres modernes, prépare actuellement une thèse de doctorat à l'École Normale Supérieure de Lyon en cotutelle avec l'université de Neuchâtel, sous la direction de Maria Susana Seguin et de Nathalie Vuillemin. Ses travaux de recherche portent sur les représentations de l'espace sud-américain dans la littérature française du XVIIIe siècle au croisement des formes et des genres. Il travaille aussi à la publication des récits de voyage en Amérique du Sud de La Condamine.

agrégé in Modern Literature, is currently writing a doctoral dissertation under the supervision of Maria Susana Seguin and Nathalie Vuillemin, at the École Normale Supérieure de Lyon and the University of Neuchâtel. His investigations focus on the representations of South American space in 18th century French literature, studying various forms and genres. He will also publish the travel writings of La Condamine in South America.

Yves Terrades

est professeur de lettres au Lycée Marceau à Chartres. Il a été chargé de cours à l'École d'Anthropologie de Paris où il a été directeur du département d'ethnologie. Il a aussi été chargé de cours à l'IUT de Chartres, où il enseignait les cultures et les techniques de communication. Il a mené diverses recherches en sciences humaines et en sciences sociales : doctorat en littérature, thèse d'anthropologie, DEA d'histoire et DEA de sciences sociales. Ses deux thèses sont consacrées à Raynal et à l'*Histoire des deux Indes*, et il a participé à divers colloques et publications sur le sujet.

teaches French literature at the Lycée Marceau in Chartres. He taught at the École d'Anthropologie de Paris, where he was director of the Ethnology Department. He also gave classes at the Chartres I.U.T. (Technological University Institute), where he taught cultures and communication techniques. He has carried out various research projects in the humanities and social sciences: a doctorate in literature, plus another one in anthropology, dissertations in both history and the social sciences. Both theses are devoted to Raynal and the *Histoire des deux Indes*; he has also participated in various conferences and publications on this topic.

María José Villaverde
est professeur d'histoire des idées politiques à l'Université Complutense de Madrid. Sur la *leyenda negra* et les conquêtes elle a publié, entre autres : « La conquista y colonización de la América española según la *Historia de las Indias* del abate Raynal », in *Visiones de la conquista y colonización : qué pasó al Sur y al Norte de América*, éd. F. Castilla, Université d'Alcalá, 2015 ; avec G. López Sastre, *Civilizados y Salvajes*, Madrid, Centro de Estudios Políticos y Constitucionales, 2015 (volume collectif) ; avec F. Castilla, *La sombra de la leyenda negra*, Madrid, Tecnos, 2016 (volume collectif) ; « La conquista española según *Los Incas o la destrucción del imperio del Perú* de Marmontel, y la *Historia de las dos Indias* del abate Raynal », in *España y el Continente americano en el siglo XVIII*, éd. G. Franco, N. González Heras, E. De Lorenzo, Cenero, Trea, 2017.

is Professor of History of Political Thought at the University Complutense of Madrid. On the *leyenda negra* and the conquests she has published, among others: « La conquista y colonización de la América española según la *Historia de las Indias* del abate Raynal », in *Visiones de la conquista y colonización : qué pasó al Sur y al Norte de América*, ed. F. Castilla, University of Alcalá, 2015; with G. López Sastre, *Civilizados y Salvajes*, Madrid, Centro de Estudios Políticos y Constitucionales, 2015 (collectaneous volume); with F. Castilla, *La sombra de la leyenda negra*, Madrid, Tecnos, 2016 (collectaneous volume); « La conquista española según *Los Incas o la destrucción del imperio del Perú* de Marmontel, y la *Historia de las dos Indias* del abate Raynal », in *España y el Continente americano en el siglo XVIII*, ed. G. Franco, N. González Heras, E. De Lorenzo, Cenero, Trea, 2017.

Sigles et abréviations

CAIEF	*Cahiers de l'Association Internationale des Études Françaises*
DHS	*Dix-huitième siècle*
H70	*Histoire philosophique et politique des établissemens et du commerce des Européens dans les deux Indes*, Amsterdam, 1770, 6 vol. in-8°
H74	*Histoire philosophique et politique des établissemens et du commerce des Européens dans les deux Indes*, La Haye, Gosse fils, 1774, 7 vol. in-8°
H80	*Histoire philosophique et politique des établissemens et du commerce des Européens dans les deux Indes*, Genève, Jean-Léonard Pellet, 1780, 4 vol. et atlas, in-4°
HDI	*Histoire des deux Indes*, généralement
Raynal	Guillaume-Thomas Raynal, *Histoire philosophique et politique des établissements et du commerce des Européens dans les deux Indes*, édition critique, dir. Anthony Strugnell, Andrew Brown, Cecil Patrick Courtney, Georges Dulac, Gianluigi Goggi, Hans-Jürgen Lüsebrink, Ferney-Voltaire, Centre International d'Étude du XVIIIe siècle, 2010-
RHLF	*Revue d'histoire littéraire de la France*
RZLG	*Romanistische Zeitschrift für Literaturgeschichte*
SVEC	*Studies on Voltaire and the Eighteenth Century*

Introduction

Pierino Gallo

Fruit de plusieurs mains et de longues études, l'*Histoire philosophique et politique des établissemens et du commerce des Européens dans les deux Indes* (1770, 1774, 1780) demeure un monument parmi les plus complexes du siècle des Lumières. Son statut polygraphique, aussi bien que sa structure hétérogène, à la fois narrative et argumentative, invitent à réexaminer les méthodes et les stratégies employées par les rédacteurs, et amènent à lire le texte dans une double perspective : celle dictée par la tradition historiographique et celle suggérée, en parallèle, par les intrusions du discours philosophique. C'est ce dernier aspect, vecteur, dans l'*Histoire*, d'un programme idéologique, que tâchent d'interroger les études ici réunies, en mettant l'accent sur le recyclage des sources et le croisement des voix textuelles (ce qui finit par « mettre en scène » une pluralité de visions sur les thématiques traitées), sur les phénomènes rhétoriques utilisés par les auteurs (apostrophes, commentaires, dialogues fictifs et apartés), et/ou sur les figures qui marquent la narration d'une polyphonie subjective. Dans l'*HDI*, en effet, porte-paroles « exotiques » et interlocuteurs fictifs s'ajoutent aux formes classiques de subjectivité pour donner voix aux thèses des philosophes et offrir aux leçons du texte une deuxième caisse de résonance. Dédoublement des voix (externes et internes, réelles ou fictives) et reflets des auteurs constituent donc les axes majeurs qui guident ces analyses.

Loin de résoudre définitivement les questions soulevées par l'*HDI*, les articles de ce recueil fournissent quelques pistes pour réfléchir à l'édifice philosophique que sut bâtir l'abbé Raynal, tout en montrant encore une fois l'inépuisable richesse de cette somme des Lumières tant sur le plan historique que sur le plan politico-idéologique.

En un temps où la figure de l'auteur et la « réécriture » de l'Histoire font l'objet d'un regain d'intérêt, de nouveaux questionnements s'imposent qui explorent en profondeur les stratégies et les modalités de diffusion des idées. Point de rencontre entre penseurs et écrivains, l'*HDI* offre à cet égard un terrain d'observation précieux : « le succès et l'impact de l'*Histoire des deux Indes* résidèrent indéniablement dans la vulgarisation d'idées politiques et philosophiques auxquelles Raynal et ses collaborateurs [*dont Diderot, Saint-Lambert et Pechméja*] surent donner non seulement un immense champ d'épandage historique – l'histoire de la colonisation européenne de Christophe Colomb jusqu'à la Révolution d'Amérique – mais également une forme, un style, une tournure précis et particuliers[1] ».

Se plaçant dans ce sillage, notre parcours analytique s'ancre, tout d'abord, dans le temps et dans l'espace, notions programmatiques présentes jusque dans le titre même de l'œuvre, et tâche de faire parler aujourd'hui les voix du passé. En ce sens, Pascale Pellerin s'intéresse à un moment déterminant de la vie de l'ouvrage, et étudie la lettre de Raynal à l'Assemblée nationale du 31 mai 1791, écrite près de dix ans après la troisième édition de l'*HDI*. Elle interroge ce faisant l'influence de cette « bombe politique », exigeant un renforcement du pouvoir royal, sur la réception contemporaine de l'œuvre en France.

Cette réception est immédiatement questionnée par Erwan Aidat et Yves Terrades qui proposent une lecture « altercolonialiste » de l'*HDI*, fondée sur une analyse des pirates qu'on y trouve représentés. Ils sont une entrée précieuse pour opposer deux faces de la colonisation, l'une vue comme destructrice, l'autre considérée comme positive. L'étude comparative entre l'*HDI* et l'*Histoire générale* de Roubaud effectuée dans cet article montre, en effet, deux types de réécriture de l'Histoire, la première étant davantage factuelle et condamnatoire des pirateries, et s'opposant à la seconde dont le but est d'encourager « l'autre colonisation ». Cela fait émerger plusieurs figures de doubles : Roubaud en miroir idéologique de Raynal-Diderot et consorts, le pirate « idéalisé » double du philosophe critique des colonisations passées, le pirate honni double du despotisme, et enfin le gouverneur comme double de l'historien-philosophe se transformant en colonisateur éclairé.

Le parcours dans le temps se complète, dans l'étude de Matthias Soubise, d'un parcours dans l'espace et de l'analyse de l'imaginaire qui lui est associé, transformant le Pérou en objet de connaissances, prétexte d'apprentissage à l'histoire et à l'économie coloniale, et faisant d'un récit particulier une réflexion générale sur l'influence des conquérants dans le Nouveau Monde.

Dans un second temps, nous peuplons ces questions temporelles et spatiales d'êtres humains, dont la description se doit de répondre à de grandes exigences de vérité. L'étude de Li Ma se consacre ainsi à l'empire chinois, et à l'évolution de ses représentations dans l'*HDI*. On voit ainsi la façon dont Diderot a infléchi l'écriture de Raynal par son exigence intellectuelle, en apportant à l'œuvre des précisions et des rectifications enrichissant notablement l'analyse.

À l'inverse, María José Villaverde prouve que les réécritures et ajouts ne sont pas toujours du chef de Diderot. En analysant la description des *conquistadores*

---

[1] Hans-Jürgen Lüsebrink et Manfred Tietz, « Introduction », in *Lectures de Raynal : l'Histoire des deux Indes en Europe et en Amérique au XVIIIe siècle*, Oxford, Voltaire Foundation, 2014, p. 4.

et le récit de la *leyenda negra*, elle montre que ce sera cette fois-ci Raynal qui, à la lumière d'informations transmises par les diplomates espagnols, amendera son texte tandis que Diderot restera inflexible quant à ses condamnations.

Ce sont ces mêmes points qui nous conduisent, dans un troisième temps, à revenir sur la dualité de l'écriture de l'*HDI*, qui en fait son originalité. La voix est double certes, mais elle se renforce plutôt que de s'érailler, et se diffracte par l'intermédiaire de dispositifs discursifs divers, aux rôles rhétoriques complexes. Hans-Jürgen Lüsebrink le met en évidence ainsi par l'étude de l'apostrophe adressée à Louis XVI, puis par l'examen des paroles indigènes (et de leurs nécessaires « traductions ») prononcées par les peuples colonisés et les populations amérindiennes.

Pierino Gallo, en interrogeant plus particulièrement la dimension dialogique, énonciative et polyphonique de l'œuvre, montre à son tour comment la figure du « Sauvage », en opposition à celle de l'Européen, permet aux écrivains de méditer sur l'Histoire et de glisser habilement du discours historique à la philosophie.

Enfin, Jonathan Camio clôt ces analyses sur la choralité de l'*HDI* par le silence de la figure de l'Africain, qui au regard des voix plurielles est marquée par un mutisme (quasi)complet, et permet aux philosophes de dénoncer leur martyr et d'inviter à une réflexion plus générale sur les esclaves, absents pourtant du débat.

Au terme de cet itinéraire, traversant le temps, l'espace et les êtres, ce sont de nouvelles pistes d'analyse qui s'ouvrent tant pour les études raynaliennes que diderotiennes ; et ce travail d'être le témoignage de la modernité de l'*HDI* dont la complexité ne cesse de nous parler : en tant que lecteur, chacun de nous est « comme l'historien, cet être double, à la fois dans l'histoire et hors de l'histoire, instruit du passé et méditant sur le présent, intéressé au récit des événements et forcé d'en tirer la leçon. De l'*Histoire* comme compilation à l'*Histoire* comme spectacle, de l'*Histoire* comme spectacle à l'*Histoire* comme combat, la trajectoire de l'œuvre[2] » nous interpelle et nous guide, dans un dialogue éternel sur l'homme et les sociétés.

---

2 Michèle Duchet, *Diderot et l'*Histoire des deux Indes *ou l'écriture fragmentaire*, Paris, A.-G. Nizet, 1978, p. 164-165.

L'*Histoire des deux Indes* aux prises avec l'événement révolutionnaire, ou le dévoilement public de la polygraphie : Diderot révolutionnaire *versus* Raynal conservateur ?

Pascale Pellerin

Résumé

La lettre de Raynal à l'Assemblée nationale du 31 mai 1791, qui condamne l'œuvre des révolutionnaires, constitue une véritable bombe politique. Après avoir été victime de la monarchie suite à la publication de la troisième édition de l'*Histoire des deux Indes* en 1780 (édition qui contenait des critiques très sévères envers l'Église catholique et la royauté), Raynal demande sous la Révolution un renforcement du pouvoir du Roi. Le public se demande alors s'il a rédigé seul l'*Histoire des deux Indes* et on cite le nom de ses collaborateurs, surtout Diderot. Mais ce dernier réclamait-il réellement la chute de l'Ancien régime ? Comment envisageait-il la question révolutionnaire ? Le rejet de Raynal par les révolutionnaires a-t-elle laissé des traces dans la réception de l'*Histoire des deux Indes* et la perception de Raynal aujourd'hui en France ?

Abstract

Raynal's letter to the National Assembly of 31 May 1791, condemning the work of the revolutionaries, was a political bombshell. After falling victim to the monarchy following the publication of the third edition of the *Histoire des deux Indes* in 1780 (an edition which contained harsh criticism of the Catholic Church and royalty), Raynal called during the Revolution for a strengthening of the King's power. The public wonders then whether he wrote the *Histoire des deux Indes* alone and the names of his collaborators, especially Diderot, are quoted. But was the latter really calling for the fall of the Ancien régime? How did he view the revolutionary question? Did the rejection of Raynal by the revolutionaries leave traces in the reception of the *Histoire des deux Indes* and the perception of Raynal today in France?

En 1791, deux ans après l'éclatement de la Révolution, l'abbé Raynal, devenu célèbre suite à la troisième édition de l'*HDI* (1780)[1], rentre à Paris d'où il avait été banni. En effet, le décret qui le condamnait à l'exil a été levé par l'Assemblée Constituante sur une proposition de Malouet[2], un de ses amis ; il peut donc revenir dans la capitale, muni d'une lettre adressée à l'Assemblée Nationale[3]. Or, contre toute attente, cette lettre fustigeait la politique suivie par les révolutionnaires, dénonçait le pouvoir des sociétés et des clubs patriotiques, critiquait la constitution civile du clergé, s'indignait de voir Louis XVI de plus en plus écarté du pouvoir. Les révolutionnaires qui avaient élevé Raynal au rang des prophètes de la Révolution le firent descendre du piédestal où ils l'avaient placé. À Marseille, la Société des Amis de la Constitution décida même d'ôter le buste de Raynal de la salle de réunion pour le transporter à Saint-Lazare, l'hôpital des fous. Les brochures et les journaux s'emparent de cette affaire. Parmi ceux qui défendent l'œuvre révolutionnaire, certains suggèrent que Raynal n'est pas l'unique auteur de l'*HDI* – on cite les noms de Pechméja, Dubreuil, d'Holbach et surtout Diderot. Ils mettent en avant le discours philosophique qui a fait le succès de l'ouvrage en rappelant que ce monument littéraire a subi les foudres du pouvoir politique et religieux et fut victime du despotisme. Comment concilier en effet les positions contre-révolutionnaires de Raynal avec la figure du martyr de la liberté, défenseur de la cause des peuples et des opprimés ? Les journaux royalistes, bien au contraire, encensent la sagesse de l'abbé. Les contre-révolutionnaires considèrent la lettre de Raynal à l'Assemblée Nationale non comme un reniement de ses idées mais comme la preuve de son courage et de son indépendance politique. Les journaux contre-révolutionnaires vont donc citer des passages entiers de l'*Histoire*, pour montrer que Raynal fut avant tout un historien qui n'a jamais épousé le clan de la philosophie responsable de la Révolution.

L'événement politique est fort intéressant à double titre. Il rend tout d'abord publique la multiplicité des auteurs de l'œuvre. De plus, le conflit politique révèle un autre enjeu, interne à la structure et au contenu de l'œuvre. En publiant de nombreux extraits de l'*HDI* dans leurs journaux, le *Mercure de France,* les *Actes des Apôtres,* les contre-révolutionnaires rappellent la sagesse

---

1 Cette œuvre volumineuse, composée de de dix-neuf livres, devint un véritable best-seller à la fin du XVIIIe siècle.
2 Pierre-Victor Malouet (1740-1814), planteur de sucre de Saint-Domingue, propriétaire d'esclaves, devenu député sous la Constituante, sera un défenseur du maintien de l'esclavage dans les colonies.
3 Voir *L'Adresse à l'Assemblée nationale (31 mai 1791) de Guillaume-Thomas Raynal. Positions, polémiques, répercussions*, éd. Hans-Jürgen Lüsebrink, Paris, Société Française d'Étude du Dix-huitième Siècle, 2018.

de son auteur officiel. Les révolutionnaires insistent davantage sur le nom des collaborateurs de l'ouvrage pour montrer que Raynal est un usurpateur de la philosophie. Nous nous trouvons devant un conflit entre historiographie et philosophie politique à la lumière de la rupture révolutionnaire. La Révolution s'invite pour ainsi dire comme une autre collaboratrice de l'*HDI*. En réinterrogeant la position de Raynal lors des événements de 1789, au-delà des remarques sur la pluralité des collaborations assez bien connues aujourd'hui et des rapports entre Lumières et Révolution, ce sont les contradictions des Lumières surgissant après la rupture révolutionnaire qui sont en question, sur les colonies, sur l'esclavage, sur l'égalité des êtres humains, sur la propriété et les régimes politiques à adopter. Dans l'appel au lecteur suscité par le style de l'ouvrage, c'est l'histoire à venir qui est interrogée[4], qui touche de près au rapport de Diderot à la postérité[5] et qui est fondamentalement politique. Comment comprendre la collaboration importante de Diderot à l'ouvrage de Raynal à travers la question que le philosophe de Langres pose quant à l'émergence de l'acte révolutionnaire[6] ? Entre la légitimité de ce dernier et l'attente passive du philosophe surgissent plusieurs Diderot. En ce sens, comme le souligne Manuela Albertone, la lettre de Raynal, qui fut interprétée comme une trahison des Lumières, « en exprimait toute la complexité[7] ». On se demandera enfin ce que la postérité a retenu de l'*HDI* ; s'agit-il de l'appel à la révolte ou plutôt de l'aspect documentaire de l'œuvre ?

Depuis trente ans, de nombreux ouvrages ont permis de connaître mieux l'œuvre et le personnage de Raynal ainsi que la réception de l'*HDI*. La republication complète de l'ouvrage par le Centre international d'étude du XVIIIe siècle[8] est aussi d'une grande utilité pour tous ceux et toutes celles qui tentent

---

4 Voir à ce sujet Michel Delon « L'appel au lecteur dans l'*Histoire des deux Indes* » in *Lectures de Raynal : l'*Histoire des deux Indes *en Europe et en Amérique au XVIIIe siècle*, éd. Hans-Jürgen Lüsebrink et Manfred Tietz, Oxford, Voltaire Foundation, 2014 [1991], p. 55.
5 Voir Pascale Pellerin, « Diderot et l'appel à la postérité : une certaine relation à l'œuvre », *Recherches sur Diderot et sur l'Encyclopédie*, n° 35, 2003, p. 25-39.
6 Sur Diderot et l'idée révolutionnaire, voir Kyosuke Tahara, « Diderot et la légitimation philosophique de la révolution », *Philosorbonne*, n° 11, 2017, p. 53-73. Sur Diderot et la Révolution française, voir René Tarin, *Diderot et la Révolution française/controverses et polémiques autour d'un philosophe*, préface de Roland Desné, Paris, Honoré Champion, 2001 ; et Pascale Pellerin, *Lectures et images de Diderot de l'*Encyclopédie *à la Révolution*, Villeneuve d'Ascq, Éditions du Septentrion, 2000.
7 Manuela Albertone « Raynal entre Ancien régime et Révolution », in *Autour de l'abbé Raynal : genèse et enjeux politiques de l'*Histoire des deux Indes, éd. Antonella Alimento et Gianluigi Goggi, Ferney-Voltaire, Centre International d'Étude du XVIIIe siècle, 2018, p. 223.
8 Les trois premiers volumes ont paru respectivement en 2010, 2018 et 2020. Yves Benot a eu aussi l'idée de publier, en 1981, des extraits de l'*Histoire philosophique et politique des deux Indes* édités par François Maspéro.

de mieux cerner les débats intellectuels de la fin du XVIIIe siècle, que ce soit sur le plan économique, historique ou philosophique. La postérité de Raynal connaît un nouveau souffle grâce à plusieurs articles publiés dans la presse ces dernières années. Mais hormis l'*HDI*, ses autres ouvrages ont disparu totalement des rayons des bibliothèques. Nous savons aujourd'hui, grâce à de très nombreux travaux, que l'abbé Raynal a fait appel à de multiples auteurs pour la rédaction de son ouvrage. Et on dispose des documents pour comprendre la façon dont l'événement révolutionnaire a révélé le nom des collaborateurs de l'abbé qui dénonce l'œuvre de la Révolution en 1791. Comme le souligne Hans-Jürgen Lüsebrink, la lettre de Raynal lue à l'Assemblée le 31 mai 1791 fut une véritable « bombe politique[9] », considérée par les acteurs de la Révolution comme un reniement des idées de l'historien-philosophe contenues dans l'*HDI*. Le choc ressenti par les révolutionnaires s'explique aisément par le fait que Raynal, qui avait revendiqué ostensiblement la troisième édition de l'*HDI*, fut condamné à l'exil pendant plusieurs années : « Ce qui provoqua un véritable intérêt pour l'*HDI* fut sa condamnation et l'exil de l'abbé Raynal en 1781[10] ». L'édition de 1780 fut en effet condamnée par le Parlement de Paris suite au réquisitoire de l'avocat général Séguier le 25 mai 1781. La faculté de théologie de la Sorbonne avait également rédigé une censure de l'ouvrage parue en latin et en français chez Clouzier en 1781[11]. Le scandale causé par le texte attira la curiosité du public et hissa Raynal au rang des pères de la Révolution. Quand il renia celle qu'il avait, semble-t-il, engendrée, on chercha des explications face à l'incompréhensible. On invoqua son grand âge, ses 78 ans, sa stupeur face aux événements révolutionnaires qui s'étaient déroulés à Marseille, la ville où il avait élu domicile à son retour en France. Mais d'autres hypothèses sont avancées quant à l'identité de l'auteur de l'*HDI* et de l'*Adresse à l'Assemblée nationale* : si Raynal est l'auteur de la première, ce n'est pas lui qui a écrit la lettre, ou du moins ne l'a-t-il pas rédigée seul. On cite alors les noms de l'abbé Maury ou de Malouet. Ce dernier, très proche de Raynal, s'était adressé au mois d'août 1790 à l'Assemblée Nationale pour lui demander de lever le décret de prise de corps qui pesait sur l'abbé et lui interdisait de se rendre à Paris[12]. Et si Raynal est bien l'auteur de la lettre, ce n'est pas lui l'auteur de l'*HDI*.

---

9   *L'Adresse à l'Assemblée nationale (31 mai 1791) de Guillaume-Thomas Raynal*, op. cit., p. 7.
10 Hervé Guénot, « La réception de l'*Histoire des deux Indes* dans la presse française » in *Lectures de Raynal*, op. cit., p. 68.
11 Voir Michel Perronnet, « Censure de la faculté de théologie contre un livre : l'*Histoire philosophique et politique* », in *Raynal. De la polémique à l'histoire*, éd. Gilles Bancarel et Gianluigi Goggi, Oxford, Voltaire Foundation, 2000, p. 273-285.
12 Malouet avait écrit : « Je viens vous rappeler aujourd'hui que parmi nos concitoyens, il existe pour nous et pour la postérité un vieillard vénérable qui fut aussi le précurseur et

Bien avant que la polygraphie ne soit révélée au grand public, et même avant la condamnation de l'ouvrage en 1781, des doutes avaient surgi sur la paternité de l'*Histoire* et la collaboration probable de nombreux auteurs, notamment Diderot et Pechméja. Les nouvelles à la main, comme les *Mémoires secrets* de Bachaumont ou la *Correspondance secrète* de Metra ainsi que les correspondances littéraires (celle de Grimm en premier lieu) diffusent les identités probables ou supposées des auteurs[13]. La condamnation de l'ouvrage en 1781 relance les investigations à ce sujet. Le nom de Diderot est le plus souvent cité et reviendra en force sous la Révolution[14]. Cette focalisation autour de l'*Histoire* s'explique par son caractère encyclopédique[15]. L'*HDI* fut en effet une œuvre collective au même titre que l'*Encyclopédie*, dont elle est en quelque sorte le prolongement et la maturation. Son écriture est basée sur la compilation d'autres ouvrages, sur le travail en équipe, sur l'envoi de questionnaires pour obtenir des informations sur telle ou telle contrée ou le fonctionnement des colonies.

---

l'apôtre de la liberté, et dont la vieillesse est flétrie par un décret lancé contre sa personne et ses écrits. C'est l'abbé Raynal qui réclame aujourd'hui par ma voix la justice, les principes et la protection de l'assemblée nationale. [...] Personne n'ignore qu'il fut un temps où les terreurs du despotisme [...] préparaient pour les hommes de génie des chaînes que ceux-ci ne se lassaient pas de rompre ou de braver. Parmi les ouvrages immortels que nous leur devons, on distinguera longtemps, malgré les reproches qu'on peut lui faire, l'*Histoire philosophique et politique des deux Indes* ». Malouet, conservateur, est loin de souscrire au contenu entier de l'*HDI*, particulièrement aux passages où les peuples sont appelés à la révolte contre leurs oppresseurs. Ainsi ne manque-t-il pas d'évoquer les défauts de l'ouvrage. Il présente d'ailleurs Raynal comme un observateur critique de la Révolution française : « Il est loin de comprendre ainsi que moi, dans la liberté de la presse, les crimes inouïs dont elle est aujourd'hui l'occasion ». La lettre de Malouet annonçait de fait la lettre de Raynal à l'Assemblée (*Motion de M. Malouet, en faveur de M. Raynal*, [1790], p. 1 et 3).

13 Hervé Guénot, « La réception de l'*Histoire des deux Indes* dans la presse française » in *Lectures de Raynal, op. cit.*, p. 70.

14 De nombreuses études ont été publiées sur la participation de Diderot à l'*HDI* : Herbert Dieckmann, « Les contributions de Diderot à la *Correspondance littéraire* et à l'*Histoire des deux Indes* », RHLF, t. 51, 1951, p. 417-440 ; Michèle Duchet, « Diderot collaborateur de Raynal : à propos des fragments imprimés du fonds Vandeul », RHLF, t. 60, 1960, p. 531-554 ; Id., « Le *Supplément au voyage de Bougainville* et la collaboration de Diderot à l'*Histoire des deux Indes* », CAEIF, n° 13, 1961, p. 173-187 ; Id., *Diderot et l'Histoire des deux Indes ou l'écriture fragmentaire*, Paris, Nizet, 1978 ; Gianluigi Goggi, « Quelques remarques sur la collaboration de Diderot à la première édition de l'*Histoire des deux Indes* », in *Lectures de Raynal, op. cit.*, p. 17-51 et, du même auteur, « L'exemplaire Hornoy de H80 in-quarto et les contributions de Diderot délimitées par Mme de Vandeul », in *Autour de l'abbé Raynal, op. cit.*, p. 245-299.

15 Voir Michèle Duchet, « L'*Histoire des deux Indes* : source et structure d'un texte polyphonique », in *Lectures de Raynal, op. cit.*, p. 9.

Aux yeux de ses contemporains, et de la génération qui allait jouer un rôle prépondérant à l'intérieur de la Révolution, Raynal ne fut cependant que l'auteur de l'*HDI*. Ses autres textes passèrent quasiment inaperçus. Il y avait une raison à cela : Raynal n'avait pas composé seul son ouvrage. Le doute avant la Révolution va se transformer en certitude après la lecture de la lettre de l'abbé devant l'Assemblée nationale le 31 mai 1791. Devant un Raynal qui nie tout lien entre Lumières et Révolution, les recherches s'accélèrent pour trouver les véritables auteurs de l'*HDI*. La presse fait très largement écho à ce qui apparaît très vite comme un scandale politique, quelques semaines avant la tentative de fuite de Louis XVI à l'étranger et au moment des débats sur la nouvelle constitution à adopter. Refuser toute paternité entre les Lumières et la chute de l'Ancien régime, le lendemain du vote des transferts des cendres de Voltaire au Panthéon, constituait une injure à l'égard des députés et du travail de l'Assemblée nationale, et détricotait symboliquement l'œuvre de la Révolution depuis juin 1789. Les journaux révolutionnaires citent les principaux collaborateurs de Raynal : Diderot, Pechméja, Saint-Lambert[16], Naigeon et d'Holbach. Le scandale politique s'explique aisément car Raynal, qui non seulement nie toute influence des Lumières sur la Révolution, établit une continuité entre sa lettre à l'Assemblée et l'*HDI* : ami de la vérité, il la dit aux révolutionnaires telle qu'il l'avait écrite sous la monarchie, deux positions intenables pour les révolutionnaires :

> J'ose depuis longtemps parler aux rois de leurs devoirs. Souffrez qu'aujourd'hui je parle au peuple de ses erreurs, et aux représentants du peuple des dangers qui nous menacent tous. [...] Jamais les conceptions hardies de la philosophie n'ont été présentées par nous comme la mesure rigoureuse des actes de législation. Vous ne pouvez nous attribuer sans erreur, ce qui n'a pu résulter que d'une fausse interprétation de nos principes[17].

Pour Robespierre[18], cette position dénote une incohérence et une inconséquence intellectuelles. L'image de l'écrivain historien-philosophe vole en éclats. L'attaque la plus virulente vint d'Anacharsis Cloots qui intervint dans la *Chronique de Paris* du 3 juin 1791 :

---

16   Voir Muriel Brot, « La collaboration de Saint-Lambert à l'*Histoire des deux Indes* : une lettre inédite de Raynal », in *Raynal. De la polémique à l'histoire, op. cit.*, p. 99-107.
17   *L'Adresse à l'Assemblée nationale (31 mai 1791) de Guillaume-Thomas Raynal, op. cit.*, p. 53.
18   *Ibid.*, p. 41.

> Elle vous étonne, elle vous afflige donc cette démarche de l'abbé Raynal ? Un philosophe comme lui, un amant de la liberté comme lui ! Eh ! cet homme ne fut jamais ni l'un ni l'autre. Voici, en deux mots, l'histoire de sa fortune littéraire et pécuniaire : il gagna beaucoup d'argent à la traite des noirs, en profitant insolemment de l'abominable aristocratie cutanée [...]. Raynal vendait des nègres aux colons de St Domingue [...]. Riche enfin de tant d'iniquités, et mécontent de la chute de ses vils protecteurs, il s'avisa de contrôler les nouveaux tyrans, en empruntant le manteau de la philosophie. Il compta en imposer à la cour et à la ville. [...] Notre homme n'avait ni talent ni génie ; mais il connaissait des hommes de génie qui, muets sous le joug du despotisme, préféraient le repos à la gloire, et qui furent enchantés de répandre leurs lumières sous la responsabilité d'un charlatan. Et voilà comme le même abbé Raynal [...] se fit une superbe queue de paon, avec la plume des Pechmeja, des Dubreuil, des Diderot, des Naigeon, des Holbach etc.[19]

La *Feuille villageoise*, de son côté, traite Raynal de « vieux apostat de la philosophie[20] ». L'affaire devient fondamentalement politique puisqu'une députation va jusqu'à se rendre chez Madame de Vandeul, la fille de Diderot, pour essayer d'en savoir plus. Deux journaux, l'*Argus patriote* et le *Postillon de Calais* rapportent l'événement :

> Quelques gens de lettres, jaloux de savoir la vérité, ont nommé des députés pour aller chez Mme de Vandeuil [sic] fille de Diderot, à qui on a attribué la partie la plus importante de l'ouvrage de Raynal. Celle-ci a protesté de son ignorance, s'est retranchée secondairement sur le devoir qui lui était imposé de se taire, et a fini par assurer que ce que Raynal avait publié était certainement « à » lui.
>
> Nous ne demandons pas, a répliqué un des députés, s'ils sont « à » lui, mais s'ils sont de lui. Je sais que les faux cheveux qui couvrent ma tête sont « à » moi, moyennant les 24 livres dont je les ai payés ; mais les beaux cheveux qui parent la vôtre sont « de » vous, et ne vous coûtent rien[21].

Sous couvert de galanterie, les députés faisaient allusion à un contrat passé entre Diderot et Raynal lors de la rédaction de l'*HDI*, contrat qui existait bel

---

19 *Chronique de Paris*, n° 154 du 3 juin 1791, Anarchasis Cloots à un de ses amis, p. 613.
20 La *Feuille villageoise*, n° 37 du 9 juin 1791, t. II (avril-sept. 1791), p. 190.
21 Le *Postillon de Calais* du 5 juin 1791, t. X, p. 3.

et bien[22]. Mais Mme de Vandeul garda le silence quelque temps et les députés repartirent les mains vides. Les journaux monarchistes, le *Mercure de France* (11 juin 1791) et les *Actes des Apôtres* (n° 221), prennent la défense de Raynal. Mais que l'on soit adversaire acharné de la Révolution ou son fidèle défenseur, on ne peut lire la lettre de Raynal qu'à la lumière de l'*Histoire philosophique des deux Indes*.

Le nom de Diderot revient à plusieurs reprises comme le principal collaborateur de Raynal. Il a en effet rédigé un tiers de l'*HDI*. Au-delà de l'importance de la collaboration du philosophe de Langres, la lettre de Raynal dévoile au grand jour non seulement les contradictions entre Lumières et Révolution, mais sans doute la complexité de ce que les révolutionnaires ont défini comme Lumières. La pluralité des auteurs de l'*HDI*, les variations idéologiques de cet ouvrage volumineux auraient dû inciter les révolutionnaires à ne pas le considérer uniquement comme un manifeste contre l'emprise religieuse catholique et monarchique. Or, au lieu d'interroger le contenu de l'œuvre, ils détruisent la réputation de son auteur officiel pour ne pas saper la logique du lien entre Lumières et Révolution et attribuent les passages les plus radicaux de l'œuvre à Diderot, dont la part la plus importante des ouvrages n'est pas encore publiée. Mais on aurait tort d'opposer de manière radicale le pragmatique Raynal au moraliste Diderot[23] bien qu'on ne puisse nier leurs divergences[24]. Si face à la crise financière des dernières années de la monarchie, Diderot réclame la convocation d'États-Généraux pour refonder le système fiscal, il ne faut pas y voir un appel à un régime républicain ou à un renversement de la monarchie. Ces questions sont très complexes car on ne peut saisir le sens de l'*HDI*, son contenu disparate, sans prendre en compte la stratégie de coordination qui était celle de Raynal et de ses réseaux au sein de l'administration coloniale que Diderot connaissait également. Raynal est conscient qu'une simple encyclopédie du colonialisme qui devait appuyer la politique de la monarchie française ne s'adresserait qu'à un lectorat trop restreint et ne toucherait pas l'esprit réformateur de la deuxième moitié du XVIIIe siècle. C'est la raison pour laquelle il fait appel à des auteurs comme Diderot et bien d'autres pour donner un souffle anti-absolutiste et anticolonialiste à son ouvrage. Après le 31 mai 1791, les révolutionnaires ont opposé un Raynal-Malouet, monarchiste et conservateur, à un Raynal-Diderot, révolutionnaire, pour appuyer l'œuvre de la Révolution

---

22   Voir Hans-Jürgen Lüsebrink, « La réception de l'*Adresse à l'Assemblée nationale* », in *Raynal. De la polémique à l'histoire, op. cit.*, p. 339.
23   Eliane Martin-Haag, « Diderot, interprète de Raynal », in *Raynal. De la polémique à l'histoire, op. cit.*, p. 195.
24   Kenta Ohji, « L'opinion publique selon Raynal du *Mercure de France* à l'*Histoire des deux Indes* », in *Autour de l'abbé Raynal, op. cit.*, p. 30.

sans avoir le sentiment que les réformateurs des Lumières ne souhaitaient sans doute pas une République et encore moins l'indépendance des colonies dirigées par les indigènes. Les révolutionnaires eux-mêmes ne l'ont pas réclamée. C'est le constat que l'on fait en dépouillant les journaux du Directoire sur cette question[25]. Lorsqu'on analyse le contenu de l'*HDI*, y compris les passages les plus hardis qui ont fait son succès, on est à la fois frappé par le désir bien réel de révolution et un pessimisme souvent affiché quant au pouvoir des philosophes d'influencer les hommes ou d'encourager les opprimés à la révolte. Bien souvent, comme l'a très bien analysé Michel Delon, c'est l'inutilité du discours de la justice et de la raison qui triomphe. Les dominés et les dominants restent sourds aux appels des philosophes. Il n'y a qu'à ces derniers que l'on peut s'adresser avec un peu d'espoir[26]. Mais la Révolution est-elle une solution pour Diderot ? À ce sujet, on peut rapprocher des passages de l'*HDI* de plusieurs autres textes de Diderot, en particulier le *Supplément au voyage de Bougainville*. Dans le chapitre 41 du livre III de l'*HDI*, l'auteur en appelle à la justice et à la vengeance des Indiens colonisés contre l'occupant britannique :

> Non, non ; il faut que tôt ou tard, la justice soit faite. S'il en arrivait autrement, je m'adresserais à la populace. Je lui dirais : Peuples, [...] qu'attendez-vous ? Pour quel moment réservez-vous vos flambeaux et les pierres qui pavent vos rues ? arrachez-les ... Mais les honnêtes citoyens ; s'il en reste quelques-uns, s'élèveront enfin[27].

Le philosophe et l'honnête citoyen sont en fin de compte les seuls à pouvoir entendre le cri poussé contre l'injustice et l'absurdité du fonctionnement des sociétés humaines. La nécessité de la révolte contre des systèmes politiques absurdes, voire celle de la violence révolutionnaire, sont sous-jacentes dans certains passages de l'*HDI* comme dans le *Supplément au voyage de Bougainville*, notamment dans les « Adieux du vieillard », et Diderot n'y est pas insensible. Il ne faut pas négliger le rôle historique joué par le *Supplément* et les textes de Diderot pour l'*HDI* dans la critique militante du colonialisme[28]. Pourquoi alors ne pas châtier les envahisseurs responsables de la dégénérescence de

---

25   Voir Pascale Pellerin, « Colonialisme et esclavage dans les journaux du Directoire », in *Les Lumières, l'esclavage et l'idéologie coloniale, XVIIIe-XXe siècles*, éd. Pascale Pellerin, Paris, Classiques Garnier, 2020, p. 297-315.
26   Voir Michel Delon, « L'appel au lecteur dans l'*Histoire des deux Indes* », in *Lectures de Raynal, op. cit.*, p. 53-66.
27   Raynal, t. I, p. 333.
28   Voir Anthony Strugnell « Fable et vérité : stratégies narratives et discursives dans les écrits de Diderot sur le colonialisme », *Recherches sur Diderot et sur l'Encyclopédie*, n° 30, 2001, p. 35-46.

l'île ? Pourquoi le sage vieillard ne s'adresse-t-il pas à son peuple pour punir les criminels ? C'est précisément parce qu'il est un sage. Le personnage de B., dans les dernières pages du *Supplément* se soumet lui aussi à l'ordre public : « Nous parlerons contre les lois insensées jusqu'à ce qu'on les réforme, et en attendant nous nous y soumettrons[29] ». Dans l'*HDI*, l'image du Spartacus noir reprend un passage de *L'An 2240* de Louis-Sébastien Mercier[30]. L'appel à la révolte sanglante contre les esclavagistes se conclut de la même façon que la fin du *Supplément* :

> En attendant cette révolution, les nègres gémissent sous le joug des travaux, dont la peinture ne peut que nous intéresser de plus en plus à leur destinée[31].

Diderot n'a fait qu'insérer dans l'*HDI* des textes que Raynal a pu modifier[32], mais la présence du verbe *attendre* n'est pas un hasard. Il ne faut pas non plus oublier le poids de la diplomatie dans la dénonciation atténuée des crimes commis par les Espagnols dans l'édition de 1780. Mais la composition du *Supplément* renvoie à une dichotomie fondamentale entre la vérité pour soi, pour le sage, que Diderot garde dans ses tiroirs et destine à la postérité, et celle du mensonge public pour le fou. Diderot montre la nécessité de l'action révolutionnaire tout en rejetant l'acte révolutionnaire en tant que tel. Cette conclusion du *Supplément*, on la retrouve ailleurs dans l'œuvre de Diderot. L'*Entretien d'un père avec ses enfants ou du danger de se mettre au-dessus des lois* renchérit sur cette contradiction entre le respect public dû aux lois et leur conformité aux règles de la nature et de la raison qui sont celles du philosophe. Le personnage de Moi exprime une conscience morale inaccessible aux fous : « Il y a des vérités qui ne sont pas faites pour les fous ; mais je les garderais pour moi ». À quoi le personnage du père répond sous forme interrogative : « Pour toi qui es un sage[33] ? » Le sage est condamné à la solitude et à la réprobation publique s'il prêche la vérité. Peut-il d'ailleurs se poser comme le détenteur de la vérité ? L'engagement politique du philosophe, ses responsabilités envers la société, l'obligent au silence et le contiennent dans une parole qui se situe à l'intérieur de lui-même comme ses textes qu'il renferme dans un tiroir et qu'il destine à la postérité. On aura vite compris que les « Adieux du vieillard » et les paroles de B. à la fin du texte illustrent en quelque sorte cette renonciation à la vérité

---

29   Diderot, *Œuvres, Supplément au voyage de Bougainville*, Paris, Robert Laffont, t. II, p. 577.
30   Voir Yves Benot, *Diderot, de l'athéisme à l'anticolonialisme*, Paris, Maspéro, 1981, p. 214.
31   Raynal, t. III, p. 181.
32   Voir Raynal, t. I, p. XXXIII.
33   Diderot, *Œuvres, op. cit.*, p. 495.

publique qui a obsédé le philosophe. Mais Diderot est également conscient des crimes du colonialisme et de sa position d'occidental. Le personnage de B. qui parle dans le *Supplément* n'a pas souffert des crimes des envahisseurs. D'où cette contradiction qui semble surgir du texte entre un Diderot effronté et hardi dans son écriture « tahitienne », celle d'un ailleurs un peu flou, sans contours précis, et un Diderot qui se refuse à être acteur de l'histoire lorsqu'il se trouve confronté à la réalité occidentale et qui prône l'obéissance à ceux de ses coreligionnaires, ce « nous » un peu vague, en philosophie. Ce n'est pas seulement le philosophe qui s'exprime ici, c'est aussi l'occidental qui appartient au peuple colonisateur. Diderot a eu des liens avec les administrateurs coloniaux[34]. Jean-Baptiste Dubuc[35], ami de Diderot et grand propriétaire à la Martinique, était le porte-parole officiel des planteurs de l'île. Diderot, qui connaît bien l'administration coloniale, sait aussi qu'elle est l'instrument de la traite esclavagiste et que cette oppression, comme toute oppression, peut conduire à la violence des opprimés. Même quand il évoque le royaume français, le philosophe n'oublie jamais la violence potentielle contenue dans le peuple qui ne supporte plus sa situation. Cette violence l'attire et l'effraie. En ce sens, le *Supplément* est à rapprocher, là aussi, de l'*HDI*, où la condamnation de l'esclavage permet de comprendre la condition sociale des paysans. Dans ce dernier ouvrage, la « dé-ethnologisation du discours sur le monde colonial souligne les soubassements communs des sociétés[36] ». Qu'on se souvienne également des réponses que Diderot donne à l'abbé Morellet sur la liberté d'exporter le blé dans l'*Apologie de l'abbé Galiani* :

> L'abbé Galiani craint le peuple ; et quand il s'agit de pain, il n'y a que qu'un homme ivre qui n'en ait pas peur. On voit bien que M. l'abbé Morellet vit à Paris, et qu'il ne l'a pas vu menacé de la disette dans nos provinces[37].

L'*Apologie de l'abbé Galiani* ne constitue nullement une négation des thèses libérales de Diderot. Cet essai montre surtout le réalisme du philosophe en

---

34 Muriel Brot, « Le rôle des administrateurs coloniaux dans l'écriture de l'*Histoire des deux Indes* », in *Enquête sur la construction des Lumières*, éd. Franck Salaün et Jean-Pierre Schandeler, Ferney-Voltaire, Centre International d'Étude du XVIIIe siècle, 2018, p. 61-78.

35 Jean-Baptiste Dubuc (1717-1795) fut élu, en 1759, président de la Chambre de Commerce et d'Agriculture de la Martinique, puis désigné comme délégué permanent pour représenter les intérêts de la colonie à Paris.

36 Voir *L'Histoire des deux Indes : réécriture et polygraphie*, éd. Hans-Jürgen Lüsebrink et Anthony Strugnell, Oxford, Voltaire Foundation, 1995, p. 4. Voir aussi, à ce sujet, les commentaires de Diderot sur la cruauté du Siam dans le livre IV de l'*HDI* (Raynal, t. I, p. 374).

37 Diderot, *Œuvres politiques*, t. III, Paris, Robert Laffont, p. 154.

matière socio-économique. Diderot, à la fin de sa vie, est partagé entre l'espoir d'une révolution violente qui ne peut être que la seule issue véritablement morale à ses yeux, la punition des tyrans, et la soumission à l'ordre social parce que lui-même s'est compromis avec un pouvoir qui écrase le peuple sous un joug tyrannique. On pense surtout au voyage en Russie, suite à l'invitation de Catherine II, où Diderot fait office de conseiller politique auprès de l'impératrice. Le servage n'a pas été aboli en Russie et le pouvoir de Catherine II règne sans bornes. La collaboration pour Raynal se situe à cette même époque.

Plutôt que d'opposer un Raynal-Malouet à un Raynal-Diderot[38], la lecture de l'*HDI* sous la Révolution nous fait découvrir plusieurs images de Diderot qui expliquent sans doute en partie sa collaboration au gros ouvrage de l'abbé. En ce sens, Diderot est également l'interprète d'un Raynal prudent qui refuse de « violenter le cours naturel des choses, à la façon du despote éclairé[39] ». En lisant certains passages de l'*HDI* rédigés par Diderot, la crainte d'un soulèvement populaire débouchant sur l'anarchie se fait sentir : « Si l'impatience des sujets vient à briser un joug sous lequel ils sont las de gémir, une nation s'avance plus ou moins rapidement à l'anarchie, à travers des flots de sang[40] ». Comme l'écrit Étienne Tassin, la protestation morale est toujours individuelle et « ne peut tenir lieu de politique[41] ». C'est le dilemme auquel est confronté Diderot dans ses derniers écrits, qui se refuse à les dévoiler au grand public ou qui laisse le soin à d'autres de les prendre en charge. Il se traduit par une structure d'écriture polyphonique commune à l'*HDI* et au *Supplément*[42], révélatrice du dialogue du philosophe avec lui-même, qui explique sa collaboration avec d'Holbach, avec Raynal, et d'autres.

La condamnation publique de la Révolution par Raynal et le rejet de ce dernier par les révolutionnaires a-t-elle eu une influence sur les lectures de l'*HDI* au cours du XIXe siècle jusqu'à aujourd'hui ? Yves Benot nous a donné des pistes passionnantes concernant la quatrième édition de l'*HDI* en 1820[43]. Les éditeurs affirmaient que Raynal n'avait pas renié les principes de liberté énoncés

---

38   *L'Adresse à l'Assemblée nationale (31 mai 1791) de Guillaume-Thomas Raynal*, op. cit., p. 30.

39   Eliane Martin-Haag, « Diderot, interprète de Raynal », in *Raynal. De la polémique à l'histoire*, op. cit., p. 193.

40   Raynal, t. I, p. 138.

41   Étienne Tassin, « Introduction », in Diderot, *Supplément au voyage de Bougainville*, Presses Pocket, p. 28.

42   Voir Pierino Gallo, « Enjeux du dialogue et écriture polyphonique dans le *Supplément au Voyage de Bougainville* », *Studi Francesi*, n° 186, 2018, p. 425-432 et Michèle Duchet, « L'*Histoire des deux Indes* : sources et structure d'un texte polyphonique » in *Lectures de Raynal*, op. cit., p. 9-15.

43   Yves Benot, « À propos de la quatrième édition de l'*Histoire des deux Indes* », in *Raynal. De la politique à l'histoire*, op.cit., p. 165-186.

dans son ouvrage[44]. Si l'on s'en tient aux recherches d'Yves Benot sur cette édition, il apparaît que le livre XI de l'édition de 1780 qui contient une condamnation ferme de l'esclavage et qui correspond au livre VI de l'édition de 1820, a été réécrit, en partie, par Raynal qui prend la défense des esclavagistes. Si la *Gazette de France*, journal réactionnaire auquel collabore Charles du Rozoir[45], n'a pas relevé que Raynal n'était plus partisan de la lutte contre l'esclavage, un autre article du même journal le félicite d'avoir condamné la Révolution française. Les journalistes libéraux, comme Antoine Jay[46] et ses collaborateurs à la *Minerve française*, ne remarquent pas non plus les changements opérés par Raynal concernant le passage sur l'esclavage. Il faudrait poursuivre les recherches entamées par Yves Benot et Hervé Guénot dans *Lectures de Raynal* par un long travail de dépouillement de la presse au XIXe et au XXe siècle. Le travail réalisé pour le tricentenaire de Raynal en 2013 permet cependant de retrouver des articles récents dans la presse concernant notre abbé. Hormis la presse régionale et quelques articles dans la presse spécialisée comme *Le Monde des Livres* ou le *Magazine littéraire*, la plupart des articles consacrés à Raynal en France ont été, sauf exception pour la *Marseillaise* d'origine communiste, publiés dans la presse réactionnaire et d'extrême-droite. L'article dans le *Figaro* du 25 avril 1998 intitulé « Les brûlots de l'abbé Raynal », insiste sur le contenu anti-esclavagiste de l'*HDI* et ne signale pas le nom des collaborateurs de Raynal. En revanche, l'hebdomadaire *Valeurs actuelles* consacre un long article à Raynal ; le numéro du 12 août 2010 rappelle la collaboration regrettable de Diderot et se félicite de la condamnation de la Révolution par l'abbé à la fin de son existence :

> Raynal eut le triste privilège de survivre à tous les encyclopédistes et d'assister à la mise en pratique de ses conceptions « philosophiques » et « politiques » : le 31 mai 1791, il faisait lire à la tribune de l'Assemblée nationale une lettre ouverte où il s'effrayait de la tournure que prenait la Révolution[47].

---

44 *Ibid.*, p. 165.
45 Charles du Rozoir (1790-1844), monarchiste, fut journaliste et professeur d'histoire au lycée Louis le Grand.
46 Antoine Jay (1770-1854), journaliste à la *Minerve littéraire*, soutint la Révolution avant de se rallier à l'Empire puis de s'opposer à la Restauration. La *Minerve*, dont le premier numéro parut en 1818, compta parmi ses collaborateurs Benjamin Constant et Pierre-Louis de Lacretelle.
47 *Valeurs actuelles*, 12 août 2010, p. 44.

Cette lecture contre-révolutionnaire est réaffirmée par l'hebdomadaire en 2018, qui se réjouit qu'un nom de rue ait été donné à Raynal dans le XVIe arrondissement de Paris. Le quotidien *Présent*, classé à l'extrême-droite, qui se réclame à la fois du catholicisme et du nationalisme – fondé par des soutiens du régime nazi comme François Brigneau – rend aussi hommage à Raynal le 28 décembre 2013, année du tricentenaire de l'abbé. Niant tout lien entre les Lumières, celles de Voltaire et de Montesquieu, et la Révolution, il mélange vaguement le texte de Raynal avec les *Éleuthéromanes* de Diderot, texte publié pour la première fois en 1796 dans les journaux du Directoire[48] et inspiré du Testament du curé Meslier[49]. En effet, *Présent* mentionne que Raynal exhorte les peuples à pendre les riches. Or ce ne sont pas exactement les termes employés par Diderot dans son poème : « Et ses mains ourdiraient les entrailles du prêtre/À défaut d'un cordon pour étrangler les rois ». Toutefois, la fureur révolutionnaire de certains passages de l'*HDI* rappelle la célèbre phrase du Testament de Meslier qui a inspiré Diderot[50]. L'article vise particulièrement Diderot et renoue avec le discours contre-révolutionnaire. Ces articles montrent que la lettre de Raynal à l'Assemblée nationale constitue un outil pour dénoncer la chute de l'Ancien régime et le rôle que certains philosophes, comme Diderot, auraient pu jouer dans la rupture révolutionnaire. En ce sens, le discours tenu dans ces journaux est à rapprocher de l'émergence de la figure de Diderot dans les journaux révolutionnaires comme collaborateur important de l'*HDI*.

La bombe politique déclenchée par la lettre de Raynal à l'Assemblée nationale, si elle questionne en profondeur les liens entre Lumières et Révolution, révèle simultanément les contradictions et les ambiguïtés des Lumières elles-mêmes et de l'un de ses plus grands écrivains, Diderot, en le confrontant au dialogue perpétuel qu'il a tenu avec lui-même. Il y a chez le philosophe une vacance de la parole et de l'engagement publics puisqu'il n'a pas publié l'essentiel de son vivant[51] ou qu'il a publié pour les autres avant sa mort, démarche qui procède de la même logique. Diderot se soumet, mais cette soumission d'ordre politique n'entame en rien les convictions du philosophe qui ne cessera

---

48   Il existe deux éditions des *Éleuthéromanes* sous le Directoire, la première parue dans la *Décade philosophique* du 16 septembre 1796, la seconde un mois plus tard dans le *Journal d'économie publique* de Roederer, un républicain modéré.

49   Voir sur cette question Maurice Dommanget, *Le Curé Meslier, athée, communiste et révolutionnaire sous Louis XIV*, Paris, Julliard, 1965.

50   Voir Pascale Pellerin, « Diderot, Voltaire et le curé Meslier », *Diderot Studies*, vol. 29, 2003, p. 53-63.

51   Voir Pascale Pellerin, « Diderot et l'appel à la postérité : une certaine relation à l'œuvre », art. cit.

de se les crier et laissera à la postérité le soin de les faire entendre. La collaboration de Diderot à l'*HDI* s'explique par la volonté de ne pas s'exposer publiquement. L'exigence éthique est d'autant plus forte qu'elle signifie une soumission politique et une obéissance à l'ordre imposé par les brigands et les fripons dont Diderot souhaite la disparition. Il y avait là paradoxalement une légitimation de l'idée révolutionnaire et sur ce point les contre-révolutionnaires, ceux vécus sous le Directoire comme ceux d'aujourd'hui, ne se sont pas trompés.

« Altercolonialisme » en débats, au sein et autour de l'*Histoire des deux Indes* face au miroir de la mer : historiographie et discours comparés sur les pirateries

Erwan Aidat et Yves Terrades

Résumé

Le concept d'altercolonialisme oblige à considérer l'*Histoire des deux Indes* sous l'angle d'une colonisation du développement et de l'échange où, par le truchement du commerce se construit ou doit se construire une société de paix et de prospérité réciproque entre cultures. L'étude du traitement des pirates reflète tantôt la « mauvaise colonisation », destructrice, à l'instar des despotismes espagnols et portugais, tantôt la colonisation « positive », qui intègre des pirates pour en faire des citoyens cultivateurs. L'analyse comparative entre l'*Histoire des deux Indes* et l'*Histoire générale* de Roubaud est significative d'une forme de débat et de deux types de réécriture de l'Histoire, celle-ci étant davantage factuelle et condamnatoire des pirateries, et critiquant celle-là qui use d'une plus grande emphase dont le but est de promouvoir « l'autre colonisation ». En conséquence, plusieurs figures de doubles émergent : Roubaud en miroir critique de Raynal-Diderot et consorts, le pirate idéalisé double du philosophe critique des colonisations passées, le pirate honni double du despotisme, et enfin le gouverneur comme double du philosophe se muant en colonisateur éclairé. Un tel récit des colonisations passées éclaire enfin la portée idéologique de certains projets coloniaux du XVIIIe siècle.

Abstract

The concept of altercolonialism obliges us to consider the *Histoire des deux Indes* from the point of view of a colonisation of development and exchange, which, through trade, fashions, or should fashion, a society of peace and mutual prosperity between cultures. The study of the way in which pirates are treated reflects both « bad colonisation », which is destructive, following the example of Spanish and Portuguese despotism, and « positive » colonisation, which integrates pirates to turn them into cultivating citizens. The comparative analysis of the *Histoire des deux Indes* and Roubaud's *Histoire Générale* is indicative of a form of debate and of two types of the rewriting of History: the latter being more factual and condemnatory of piracy, and criticising the former which puts greater emphasis on promoting « the other type of colonisation ». As a result, several doubles emerge: Roubaud as the critical mirror of Raynal-Diderot et al., the idealised pirate as a double of the philosopher critical of past colonisations, the hated pirate as a double of despotism, and finally the governor as a double of the philosopher who becomes an enlightened coloniser. Such an account of past colonisations finally sheds light on the ideological scope of certain 18th-century colonial projects.

L'*Histoire philosophique et politique des établissements et du commerce des Européens dans les deux Indes*, œuvre encyclopédique et polyphonique évoluant au cours de trois éditions (1770, 1774, 1780[1]), fut sujette à des changements importants d'analyse de la part des chercheurs, de la seconde moitié du XXe siècle jusqu'à nos jours. D'abord presque exclusivement littéraire, le prisme d'analyse devint interdisciplinaire et collectif à la suite du colloque international de Wolfenbüttel en 1987[2]. Aujourd'hui appréhendée comme une œuvre d'histoire globale[3], l'*HDI* n'est pas oubliée par le récent courant historiographique réévaluant la radicalité anticoloniale des Lumières en insistant davantage sur leur portée réformiste à l'égard des empires coloniaux européens[4].

Dans la continuité de ce renouveau historiographique, nous argumenterons ici la nécessité de substituer au concept d'anticolonialisme, celui d'altercolonialisme[5]. Ce dernier définit une posture critique vis-à-vis des colonisations

---

1 Il est d'usage d'y faire référence par les abréviations H70, H74 et H80. Ici, la deuxième et la troisième renverront respectivement à *Histoire philosophique et politique des établissemens et du commerce des Européens dans les deux Indes*, La Haye, Gosse fils, 1774, 7 vol., et à *Histoire philosophique et politique des établissemens et du commerce des Européens dans les deux Indes*, Genève, Jean-Léonard Pellet, 1780, 4 vol.
2 *Lectures de Raynal : l'*Histoire des deux Indes *en Europe et en Amérique au XVIIIe siècle*, éd. Hans-Jurgen Lüsebrink et Manfred Tietz, Oxford, Voltaire Foundation, 2014 [1991].
3 *Raynal's* Histoire des deux Indes*: colonialism, networks and global exchange*, éd. Cecil Courtney et Jenny Mander, Oxford, Voltaire Foundation, 2015.
4 *Autour de l'abbé Raynal : genèse et enjeux politiques de l'*Histoire des deux Indes, éd. Antonella Alimento et Gianluigi Goggi, Ferney-Voltaire, Centre International d'Étude du XVIIIe Siècle, 2018. Voir aussi, entre autres : Christian Donath, *Persuasion's Empire: French Imperial Reformism, 1763-1801*, San Diego, University of California, 2012 ; Anoush F. Terjanian, *Commerce and its discontents in Eighteenth-century French Political Thought*, Cambridge, Cambridge University Press, 2013 ; Sunil M. Agnani, *Hating Empire properly. The two Indies and the limits of Enlightenment anti-colonialism*, New York, Fordham University Press, 2013.
5 Concept renvoyant à une vision de l'économie politique synthétisée dans Erwan Aidat, « Penser la Mer dans l'économie politique : l'horizon "altercolonial" de l'*Histoire des deux Indes*. Pour une histoire intellectuelle du fait maritime au XVIIIe siècle », *DHS*, n° 52, 2020,

passées, selon une lecture de l'histoire empruntée à Véron de Forbonnais et une attitude non hostile mais bien réformiste à l'égard des colonisations contemporaines de l'œuvre. Sa dialectique promeut une civilisation fraternelle fondée sur un gouvernement de la douceur, une économie agrarianiste, pacifique, opposant à l'esprit de conquête un esprit de commerce empreint d'un libéralisme modéré, une marine marchande nombreuse et une marine de guerre puissante à visée protectrice. Toutefois, celle-ci n'exclut pas les intérêts coloniaux français, qu'elle défend face à la thalassocratie britannique.

Nous nous y emploierons par la convergence d'une démarche d'histoire intellectuelle du fait maritime et d'une étude sémantique de la dimension anthropologique dans l'*HDI*[6]. Il sera ici question des pirateries, à savoir du troisième axe très synthétisé de notre fait maritime tel que le définissait Goethe par la voix de Méphisto : « Guerre, commerce et piraterie forment une trinité indivisible[7] ». Cette étude sera consolidée par une analyse en miroir de l'*Histoire générale de l'Asie, de l'Afrique et de l'Amérique*, œuvre rivale de moindre succès, de Pierre Joseph André Roubaud[8]. Influencées l'une par l'autre, tantôt en utilisant les mêmes sources, tantôt des sources différentes, les deux œuvres instrumentalisent l'histoire des pirateries de façon parfois semblable, parfois opposées. Pirates, flibustiers et gouverneurs y sont autant de doubles, antithétiques ou non, du philosophe, et nous offrent un regard sur deux réécritures altercolonialistes de l'histoire, idéologiquement proches malgré quelques divergences.

Ces discours s'inscrivent dans un contexte de condamnation philosophique des pirateries, et paradoxalement en même temps, de « flibustophilie » de la société des Lumières, dénoncée par Adam Smith :

---

p. 269-285. Y est résumé le premier axe de *Mers et Colonies en Lumières. Économie politique, commerce maritime, marines et corsopirateries dans le projet colonial de l'*Histoire des deux Indes *(1770, 1774, 1780)*, mémoire de master 2 réalisé sous la direction de Benoît Musset, Le Mans Université, 2018.

6 Yves Terrades, *Les modes de l'évolution : connaissance et sens de l'histoire dans l'*Histoire philosophique et politique des établissements et du commerce des Européens dans les deux Indes (1770) *de l'abbé Raynal (1713-1796)*, thèse de doctorat en lettres modernes, Université d'Orléans, 1997.

7 Johan Wolfgang von Goethe, *Faust*, livre II, acte V, 1832, v. 11.185-187.

8 Pierre Joseph André Roubaud, *Histoire générale de l'Asie, de l'Afrique et de l'Amérique*, Paris, Des Ventes de la Doué, 1771-1775, 15 vol. (dans le texte, nous y référerons par le terme *Histoire générale* ; dans les notes, par le sigle *HG*). Il a été montré, quant au sujet de l'esclavage, en quoi ces deux œuvres sont liées, se nourrissent et communiquent. Voir Ann Thomson « Diderot, Roubaud et l'esclavage », *Recherches sur Diderot et sur l'Encyclopédie*, n° 35, 2003, p. 69-94.

> De grands exploits guerriers, quoique entrepris contre les principes de la justice, et accompagnés d'un oubli absolu de l'humanité, commandent une sorte d'estime, et nous intéressent même quelquefois pour le caractère coupable de l'homme [le flibustier] qui les a exécutés[9].

Pourtant, si l'analyse sémantique de l'*HDI* démontre qu'elle navigue en eaux troubles entre les termes de « corsaires », « flibustiers » et « pirates », le fond du discours dénote bel et bien d'une nette séparation morale entre guerre de course légale, dans la mesure où elle respecte les principes d'une guerre altercolonialiste, et les pirateries. L'étymologie d'un terme tel que « infester » dans « Des corsaires [ici, pirates] ennemis, qui infestaient les mers du Nord et du Sud […][10] », le lie aux termes de ravage et de dépeuplement[11], ce dernier étant justement antithétique de « l'autre colonisation ». La polysémie d'un tel terme oblige à décrire avec plus de précision son usage par l'*HDI*.

Du caractère maléfique de ces pratiques honnies, est toutefois détaché celui de leurs acteurs auxquels sont reconnues des vertus morales[12], mais aussi un rôle charnière dans le sens de l'histoire coloniale.

Nous verrons dans un premier temps que les deux œuvres s'accordent à honnir les pirateries contemporaines, menaçant les intérêts européens et notamment français, et qui sont encouragées par des États, notamment barbaresques, à l'opposé de l'altercolonialisme. Nous montrerons ensuite comment la divergence naît entre les deux œuvres autour de l'emphase de l'*HDI*, critiquée par Roubaud. Elles s'accordent sur la nécessité morale et historique de la disparition des pirates, mais l'*HDI* reconnaît aux pirates passés des valeurs qui leur permettent d'être les destructeurs de la « mauvaise colonisation », en somme un mal nécessaire à « l'autre colonisation ». Justement, nous achèverons notre analyse en nous attardant sur l'éloge faite par les deux œuvres de certains gouverneurs qui ont civilisé les pirates. Cela mettra en lumière la convergence altercolonialiste des deux œuvres mais aussi leurs divergences idéologiques ponctuelles. Enfin, cela se pose en miroir et confère une cohérence à l'appel lancé aux puissances européennes à conquérir l'Afrique du Nord dans une perspective altercolonialiste.

---

9 Adam Smith, *Théorie des sentiments moraux*, Paris, Guillaumin, 1860 (trad. de l'édition originale anglaise de 1759).
10 H80, t. II, livre IX, chap. 11, p. 395. Nous modernisons l'orthographe.
11 Alain Rey, « Infester », in *Dictionnaire historique de la langue française*, t. I, Paris, Robert, 1992, p. 1023.
12 Anoush F. Terjanian, *Commerce and its discontents in Eighteenth-century French Political Thought*, op. cit.

Si la légitimité de la guerre de course pratiquée par les nations européennes est sujette à une véritable polémique parmi les intellectuels du XVIIIe siècle, y compris dans les écrits du chancelier français à Alger en 1717 et 1718, Laugier de Tassy, qui questionne la distinction morale entre course barbaresque et course européenne, la distinction demeure acceptée par les auteurs de l'*HDI*, hostiles à la première et favorables à la seconde[13]. L'on peut lire dans l'*HDI* :

> Le tableau qu'on vient de tracer des contrées Barbaresques, n'a pu que paraître affreux. L'état de désolation où on les a vues plongées a été la suite nécessaire du penchant de ces peuples pour la piraterie[14].

Ainsi sont conclues la description et l'analyse des économies et des sociétés barbaresques, résultat d'un long processus de compilation et de réécriture de sources diverses[15].

En leur refusant leur qualité d'états ou de nations par le qualificatif de « contrées », l'*HDI* retire aux Barbaresques l'éventuelle légitimité d'une course reposant sur un droit étatique. Le terme de « désolation » que l'on sait désormais lié à la notion d'infestation réfère à ce qui serait un manque d'organisation sociale d'un ensemble de tribus éparses caractérisées par la rapine et l'esclavage des Européens dont le rapt s'ensuit des pirateries, activités antithétiques du commerce libre et du droit naturel. Ces dernières sont présentées comme la cause de tous les marqueurs antithétiques de la civilisation idéale selon l'*HDI*, y compris sur terre, que sont principalement selon les auteurs un mauvais gouvernement, une agriculture indigente et un commerce médiocre, donc une absence de prospérité économique. Cette idée est partagée par Roubaud, qui déclare :

> Les Barbaresques, incertains de la jouissance des droits de la propriété, toujours exposés aux usurpations d'un gouvernement tyrannique, [...] soumis à des impôts arbitraires et destructeurs des avances de la culture, gênés dans le commerce de leurs denrées, ne prêtent point à la terre tous les secours qu'elle demande au laboureur pour déployer sa fécondité[16].

---

13   Sujet développé dans le deuxième axe de notre fait maritime, voir Erwan Aidat, *Mers et Colonies en Lumières*, op.cit., p. 95-106.
14   H80, t. III, livre XI, chap. 9, p. 118.
15   À l'instar de Laugier de Tassy et de Thomas Shaw. Voir Ann Thomson, « La Barbarie de l'*Histoire des deux Indes* aux "Mémoires" de Raynal », in *L'Histoire des deux Indes : réécriture et polygraphie*, éd. Hans-Jurgen Lüsebrink et Anthony Strugnell, Oxford, Voltaire Foundation, 1995, p. 133-148.
16   *HG*, vol. 11, p. 306-307.

Ici aussi les principes du mauvais gouvernement sont associés par essence à la piraterie qui contribue elle-même à la persistance d'une marine faible, alors qu'une marine puissante est l'un des points de convergence de toute une partie des Lumières quant à ce qui doit caractériser un état éclairé.

> Suivant les maximes régnantes, l'intérêt du gouvernement est d'être toujours en guerre avec les princes chrétiens ; parce que la piraterie fait la principale richesse de l'État ; que la marine ne se soutient que par les prises des corsaires [...][17].

Le rôle hypothétique de l'Islam dans la dynamique de ce reliquat de « Jihad maritime » opposé aux chrétiens n'est presque jamais invoqué, tant l'explication politico-économique est dominante dans les deux œuvres. Cela n'est guère étonnant lorsque l'on sait que la guerre entre la Croix et le Croissant qui a animé les prédations maritimes des XVIe et XVIIe siècles n'était alors plus qu'un prétexte au brigandage[18]. En revanche, la dimension religieuse est présente au sein du récit de l'*HDI* au sujet des pirates musulmans d'Asie, à l'instar des Malais, pour qui le fanatisme de religion constituerait le socle de leur penchant pour la piraterie et le ressort de la cruauté :

> Comme les Portugais se bornèrent à la possession de la ville, ceux des habitants, tous sectateurs d'un mahométisme fort corrompu, qui ne voulurent pas subir de nouveau joug, s'enfoncèrent dans les terres, ou se répandirent sur la côte. En perdant l'esprit de commerce, ils ont repris toute la violence de leur caractère. Ce peuple ne marche jamais sans un poignard, qu'il appelle *crid*. Il semble avoir épuisé toute l'invention de son génie sanguinaire, à forger cette arme meurtrière. [...] Mais ces barbares enchérissant sur leurs anciennes mœurs, où le fort se faisait honneur d'attaquer le faible, [...] vont avec un bateau de trente hommes, aborder nos vaisseaux [...]. Sont-ils repoussés : ce n'est pas, du moins, sans emporter avec eux la consolation de s'être abreuvés de sang[19].

Une fois de plus, cette forme de piraterie est décriée pour la menace immédiate qu'elle oppose aux navigations occidentales, mais aussi pour les « mauvais » principes qui l'animent. Ici, et dans nos deux œuvres, l'on observe

---

17 *Ibid.*, vol. 11, p. 404.
18 *Histoire des pirates et corsaires. De l'Antiquité à nos jours*, éd. Gilbert Buti et Philippe Hroděj, Paris, CNRS Éditions, 2016, p. 11.
19 H80, t. I, livre I, chap. 16, p. 90-91.

l'ambivalence des Lumières quant à l'Islam qui apparaît « tantôt comme une grande civilisation, tantôt comme une forme de superstition[20] ». Roubaud écrit lui-même que « il [l'Alcoran] ne déroge presque point à la morale de l'évangile, si ce n'est dans ce qui concerne le mariage et la vengeance[21] ». Aussi, malgré la quasi-absence de l'Islam des facteurs explicatifs de la course barbaresque, l'on peut supposer qu'il n'est pas totalement écarté par les auteurs de l'*HDI*, déclarant que :

> [...] il [Mahomet] ne lui fut pas difficile de donner du zèle à ses sectateurs ; et ce zèle en fit des conquérants. Ils portèrent leur domination, des mers de l'Occident à celles de la Chine, et des Canaries aux Îles Moluques[22].

En miroir, Roubaud demeure très silencieux sur les Malais, sujets à une grande diabolisation par l'*HDI* qui les érige en opposition complète avec le double du philosophe. Malgré l'ambiguïté vis-à-vis de l'Islam, on le distingue bien du fanatisme qui est par ailleurs transversal, selon les auteurs, à toutes les religions ayant engendré la piraterie :

> Ceux-là étaient disciples d'Odin, et ceux-ci de Mahomet : deux hommes qui avaient répandu le fanatisme des conquêtes, avec celui de la religion[23].

Ce fanatisme de religion se situe également en miroir du fanatisme des nations européennes, Espagne et Portugal en tête, qui sont les avatars de la « mauvaise colonisation ». Par ailleurs, le portrait des Malais, dressé par les auteurs de l'*HDI* explique en partie leur action par cette « mauvaise colonisation » effectuée par les Portugais contre laquelle s'oppose le principe de vengeance de l'Islam. Or, la spécificité de l'*HDI* est cette conceptualisation à divers degrés de certains pirates, dès lors qu'elle commence à les nommer individuellement, tels les pirates chinois et les flibustiers passés, comme des *social bandits*[24], idée promue par une grande emphase méliorative à l'opposé de l'emphase péjorative sur les Malais. Ces deux emphases sont justement le point névralgique de la divergence avec l'*Histoire générale* de Roubaud qui manifeste un récit globalement plus factuel, et qui n'hésite pas à critiquer l'*HDI* sur son traitement

---

20   Hédia Khadhar, *Les Lumières et l'Islam. Quelle altérité pour demain ?*, Paris, L'Harmattan, 2018, p. 12.
21   *HG*, vol. 7, p. 587.
22   H80, t. I, livre III, chap. 11, p. 289.
23   *Ibid.*, t. I, livre I, Introduction, p. 9.
24   Concept de E. J. Hobsbawm, démonstration de Anoush F. Terjanian, *Commerce and its discontents in Eighteenth-century French Political Thought*, op. cit., p. 144-145.

des Flibustiers dont l'attitude sanguinaire est sujette à une condamnation beaucoup plus ambigüe. Nous allons démontrer les enjeux de ces deux modes de réécriture de l'histoire à travers les figures de pirates érigées ou non en doubles du philosophe.

En effet, Roubaud est moins ambivalent et insiste de manière quasi unilatérale sur l'aspect violent, immoral voire inhumain de la piraterie, que sur le « banditisme social », que l'*HDI* porte en étendard idéologique. Si, dans le cas des pirateries asiatiques, la différence des discours résulte d'abord d'un usage de sources différentes, celle relative aux flibustiers, pour lesquels les sources utilisées sont sensiblement les mêmes, est la conséquence d'une véritable réserve émise par Roubaud sur les auteurs de l'*HDI*.

Nous illustrons le premier cas par les récits qui sont proposés de l'action du pirate Zheng Chenggong (1624-1662)[25]. Sans renier son opposition aux Tartares, Roubaud dresse un historique plus complet, avec une emphase péjorative, écrivant que :

> [...] après s'être emparé des petites îles de pêcheurs, [Chinchikong] était venu se présenter devant Formose avec toute sa flotte, à dessein d'en chasser les Hollandais qui s'étaient quelquefois opposés à ses brigandages. Chinchikong, après avoir taillé en pièce quatre cents soldats, força ceux du fort de Kijkam à se rendre à discrétion : leur sort fut un cruel esclavage[26].

L'*HDI* résume les faits en les termes suivants :

> [...] Coxinga, qui jura une haine éternelle aux oppresseurs de sa famille et de sa patrie, et qui imagina qu'il pourrait exercer contre eux des vengeances terribles, s'il réussissait à s'emparer de Formose[27].

La *Universal History* que l'on sait être une des sources majeures de l'*HDI*, n'insiste pas non plus sur d'éventuelles cruautés de la part du pirate à Formose[28], tandis que l'*Histoire générale des voyages*, autre source utilisée ailleurs par l'*HDI*, présente la même emphase péjorative et les mêmes détails que Roubaud,

---

25 Zheng Chenggong, fils du pirate Equam, est aussi nommé indifféremment Chinchikong ou Coxinga/Koxinga dans les sources occidentales. Voir Jean-Louis Margolin, « Zheng Famille (1620-1680) » in *Dictionnaire des corsaires et pirates*, éd. Gilbert Buti et Philippe Hroděj, Paris, CNRS Éditions, 2013, p. 878-879.
26 *HG*, vol. 2, p. 248-249 ; Formose est l'ancien nom de l'actuel Taïwan.
27 H80, t. I, livre III, chap. 6, p. 165.
28 *An Universal History. From the Earliest Accounts to the Present Time*, vol. 8, S. Richardson, 1759, p. 500.

si bien qu'il est évident qu'elle est la source utilisée presque mot pour mot par ce dernier, en atteste la citation :

> Les Insulaires et les Chinois mêmes ne furent pas plus épargnés que les Hollandais. Quatre cents hommes, qui furent envoyés pour la défense du Fort de Kijkam, furent coupés et taillés en pièces. [...] On se défendit courageusement : mais la disette d'eau et de vivres ayant bientôt rebuté les assiégés, ils se rendirent à discrétion. Le traitement, qu'ils essuyèrent, fut un cruel esclavage[29].

Ainsi, dans son processus de réécriture, l'*HDI*, sans nier le caractère barbare des pirateries, en élude la portée au profit d'une plus grande emphase sur le caractère contestataire des pirates à l'égard d'une autorité politique ou religieuse despotique, tandis que pour Roubaud, la dimension anticivilisationnelle prime plus unilatéralement.

Nous observons les mêmes processus de réécriture avec les exemples du pirate maratte Kanhoji Angria et du Portugais Faria accompagné du pirate chinois Similau. L'*HDI* le présente comme un « homme extraordinaire[30] », archétype du vaillant combattant meneur d'homme, alors que Roubaud fait le récit d'une « puissance de pirates [...], ennemie de toutes les nations[31] ». La première œuvre propose le récit de l'histoire, certes d'un conquérant, mais motivé par l'indépendance et l'opposition à la tyrannie. La seconde renvoie les pirates Angria au statut de *hostis humani generis*, c'est-à-dire celui de tous les pirates selon les législations européennes depuis Hugo Grotius. Pour Faria, l'*HDI* raconte qu'il fut :

> [...] envoyé contre des corsaires Malais, Chinois et d'autres pirates, [et qu'il] alla piller les tombeaux des empereurs de la Chine dans l'île de Calampui[32].

Roubaud, quant à lui, raconte en citant une fois de plus, presque mot pour mot, l'*Histoire générale des voyages* que :

> Un corsaire nommé Similau, que sa qualité de Chinois n'empêchait pas d'exercer des brigandages sur sa propre nation, racontant tant de merveilles à Faria, touchant l'île de Calemplug, que celui-ci [...] résolut d'aller

---

29   Antoine-François Prévost, *Histoire générale des voyages*, t. XI, Paris, Didot, 1753, p. 287.
30   H80, t. I, livre III, chap. 18, p. 328.
31   *HG*, vol. 2, p. 38.
32   H80, t. I, livre I, chap. 24, p. 137.

> piller cette île. Le corsaire assurait que dix-sept empereurs chinois y étaient ensevelis dans des tombeaux d'or [...]. Similau servit lui-même de pilote à Faria[33].

Ainsi, en attribuant la tentative de pillage des tombeaux chinois par les Portugais à « l'esprit de conquête » de ces derniers, l'*HDI* élude complètement la présence complice du pirate chinois, qui s'oppose aux archétypes indépendantistes vis-à-vis de la « mauvaise colonisation » que l'œuvre n'a de cesse de mettre en avant. Chez Roubaud, au contraire, le pirate indigène est complice de l'odieux colonisateur. Même si les sources employées pour les deux œuvres sont probablement différentes, il est évident que l'*HDI* témoigne d'une réécriture volontairement idéologique, éludant les éléments qui contrediraient trop cette promotion du pirate indigène en double du philosophe révolté.

Roubaud ne critique pas l'*HDI* sur les exemples suscités. En revanche, s'il n'est pas exempt d'une certaine admiration pour les flibustiers, acteurs du premier âge d'or de la piraterie (1650-1680), il demeure fidèle à sa ligne condamnatoire, et l'emphase de l'*HDI* à leur sujet fait l'objet d'une critique non dissimulée :

> Applaudissons aux brigands même, quand ils rendent hommage aux vertus ; mais gardons-nous d'un enthousiasme qui prononcerait par notre bouche, à l'insu de notre cœur, que « les boucaniers et les flibustiers sont peut-être l'élite des Européens que le Nouveau-Monde ait vus inonder ses côtes et ses terres »[34].

Il est fondamental de noter que cette emphase de la version originelle de l'*HDI* disparaît dans les éditions suivantes, et il n'est donc pas absurde d'imaginer que la critique de Roubaud ait influencé cette modification. Toutefois, les deux œuvres s'accordent sur des « vertus » flibustières. La citation ci-dessus suit l'éloge du flibustier Michel de Grammont, également louangé par l'*HDI* :

> [Grammont] qui avait servi avec quelque distinction en Europe, et que sa fureur pour le vin, pour le jeu, pour les femmes avait conduit parmi les corsaires. Il avait peut-être assez de vertus pour racheter tant de vices,

---

33   *HG*, vol. 2, p. 71. Voir aussi Antoine-François Prévost, *Histoire générale, op. cit.*, t. XII, La Haye, Pierre de Hondt, 1755, p. 375.
34   *HG* (vol. 15, p. 19) cite Guillaume-Thomas Raynal, *Histoire philosophique et politique des établissements et du commerce des Européens dans les deux Indes*, t. IV, Amsterdam [s.n.], 1772, p. 58-59.

de la grâce, de la politesse, de la générosité [...], qui l'avaient bientôt fait regarder comme le premier des flibustiers français[35].

De la même manière, Roubaud définit ce protagoniste des récits d'Oexmelin comme « le premier flibustier de cette nation », qui malgré sa débauche présentait des qualités militaires qui « auraient pu l'élever aux premiers honneurs de la guerre » ainsi que des qualités de gentilhomme[36]. Cet archétype du flibustier gentilhomme, très récurrent au XVIIIe siècle est ici posé en avatar du militaire altercolonial.

En effet, Kenta Ohji avait brillamment démontré comment l'intercalation du romanesque participait à la promotion de l'héroïsme et des valeurs militaires[37]. Les qualités de ces flibustiers « trop expérimentés, [...] et trop braves[38] », selon la harangue d'un de leur chef, Laurent de Graaf, sont à mettre en miroir avec la promotion par l'*HDI*, et par les physiocrates et plus généralement une partie des Lumières, d'une marine puissante fondée à la fois sur l'expertise de marins formés par le commerce, et le courage militaire de l'ancienne noblesse chez les officiers. Tout ceci, dans le cadre d'une dialectique visant à protéger les colonies françaises contre la menace de la thalassocratie britannique, et l'effort de guerre mené par Louis XVI en faveur de la révolution américaine[39].

Le dialogue de Montbars (le flibustier entièrement inventé par Oexmelin) retranscrit dans l'*HDI*, réaffirme ces valeurs militaires tout en mettant en scène la portée destructrice de l'action des flibustiers à l'égard de la « mauvaise colonisation espagnole ». Muriel Brot a montré ce jeu de miroir entre l'ensauvagement des *conquistadores* et des flibustiers par le Nouveau Monde, ces derniers redirigeant leur violence dans une perspective vengeresse[40].

« Comment le souffrez-vous ? » dit brusquement Montbars. Ils répondent non moins brusquement : « nous ne le souffrons pas ; nos ennemis savent

---

35   H80, t. III, livre X, chap. 10, p. 46 ; H74, t. IV, livre X, chap. 9, p. 76.
36   *HG*, vol. 15, p. 11.
37   Kenta Ohji, « Un événement singulier, ou le "romanesque" en marge de l'histoire. À propos des aventures des flibustiers dans l'*Histoire des deux Indes* de Raynal/Diderot », in *Comment la fiction fait l'histoire : emprunts, échanges, croisements*, éd. Noriko Taguchi, Paris, Honoré Champion, 2015, p. 54-68.
38   H80, t. III, livre X, chap. 10, p. 34.
39   Il s'agit d'une composante majeure du deuxième axe de notre fait maritime. Voir Erwan Aidat, *Mers et Colonies en Lumières, op. cit*, p. 69-108.
40   Muriel Brot, « Les brigands de l'*Histoire des deux Indes* : le mot et la chose », in *Cartouche, Mandrin et autres brigands du XVIIIe siècle*, éd. Lise Andries, Paris, Desjonquères, 2010, p. 358-376.

qui nous sommes : aussi ont-ils pris pour ruiner nos boucans, le temps où nous étions à la chasse [...] ». « Si vous le voulez, reprit Montbars, je marcherai à votre tête, non pour vous commander, mais pour m'exposer le premier »[41].

En double du philosophe contestataire, tant dans l'*HDI* que chez Roubaud, Montbars incarne à la fois le premier temps anticolonialiste de l'altercolonialisme, à l'égard de la colonisation espagnole ici, et les valeurs militaires essentielles à une marine altercoloniale.

Enfin, l'*HDI* insiste sur les aspects d'une vision sociétale du partage, qu'on ne lit pas chez Roubaud, et en regard des régimes européens :

> Les premières distributions étaient toujours pour ceux qui avaient été mutilés dans les combats. [...] [Il fallait] acquitter une dette si respectable. [...] Ce qui restait, après ces actes de justice et d'humanité, était partagé[42].

Le sens de la justice économique est invoqué de nouveau lorsqu'est évoqué le pirate Henry Jennings, fondateur de Providence :

> En 1714, des vaisseaux richement chargés furent engloutis par la tempête sur les côtes de Floride. [...] On refusa de les admettre au partage ; et Jennings, le plus hardi d'entre eux, eut recours aux armes, pour soutenir ce qu'il appelait un droit naturel et imprescriptible. La crainte d'être sévèrement puni pour avoir troublé une paix à laquelle l'Europe avait longtemps soupiré [...], le fit pirate[43].

Cet épisode est un ajout de l'édition de 1780, et Jennings est le seul pirate de la deuxième génération à dominante anglo-saxonne de l'âge d'or de la piraterie (1716-1726) présent dans l'*HDI*. Or, Roubaud y accorde une trentaine de pages[44] au sein desquelles il développe surtout la figure diabolique et antiphilosophique de Barbe-Noire, mais où il évoque aussi Jennings :

---

41 H80, t. III, livre X, chap. 10, p. 46 ; H74, t. IV, livre X, chap. 9, p. 61 ; *HG*, vol 15, p. 332-333 ; Alexandre-Olivier Exquemelin, *Histoire des aventuriers flibustiers*, éd Réal Ouellet et Patrick Villiers, Paris, Presses de l'Université de Paris-Sorbonne/Québec, Presses de l'Université Laval, 2005, p. 417-418.
42 H80, t. III, livre X, chap. 10, p. 35.
43 *Ibid.*, t. III, livre XIV, chap. 28, p. 566.
44 Principalement tirées, parfois recopiées et traduites, depuis Charles Johnson, *A General History of the Pyrates*, London, T. Warner, 1724, 2 vol.

> Un différend s'était élevé entre les navires de la Havane et les armateurs de la Jamaïque, où les uns et les autres venaient pêcher l'argent des galions engloutis [...]. Le capitaine Jennings craignant d'être poursuivi pour avoir commis des hostilités en pleine paix, chercha l'impunité et la fortune dans la piraterie[45].

Il est ainsi hautement probable que nous ayons affaire à un processus de réécriture de ce qui fut lu par les auteurs de l'*HDI* dans l'*Histoire générale*. La modification volontaire du discours vers une emphase promouvant la notion du *social bandit* traduit donc une visée idéologique. Les deux œuvres s'accordent sur la nécessité historique de la disparition de ces pirates, puisque l'édition de 1780, sous la plume de Diderot et là encore sans doute influencé par Roubaud, tempère l'éloge.

> Incapables de supporter l'indigence et le repos; trop fiers pour s'occuper des travaux communs, s'ils n'avaient pas été les fléaux du Nouveau Monde, ils l'auraient été de celui-ci[46].

> Ils ne formèrent même pas un peuple : ce n'était qu'une bande de brigands ; ils devaient donc être détruits[47].

Roubaud n'accorde que les valeurs militaires et refuse les qualités sociales des flibustiers, que l'*HDI* met en avant. Cette dernière fait de ces « Anges noirs de l'Utopie » (Michel Le Bris) des destructeurs nécessaires de la « mauvaise colonisation », et porteurs de valeurs annonciatrices de l'altercolonialisme, toutefois limitées par leur ensauvagement.

Ce processus de civilisation altercolonialiste est néanmoins achevé sous la plume des auteurs de l'*HDI*, ainsi que celle de Roubaud qui retrouvent leur concorde, par les figures de gouverneurs éclairés tels que Bertrand d'Ogeron. À propos de son projet :

> Il s'agissait d'élever l'ordre social sur les ruines d'une féroce anarchie ; [...] de reproduire le sentiment de l'humanité dans des âmes endurcies par l'habitude du crime ; [...] de résoudre à une vie laborieuse des barbares accoutumés à l'oisiveté, compagne des rapines [...] ; enfin le respect pour le privilège d'une compagnie exclusive formée en 1664 pour tous les établissements français, à celui qui n'avait jamais rien respecté, et qui était

---

45 *HG*, vol. 15, p. 249.
46 H80, t. III, livre X, chap. 10, p. 54.
47 *HG*, vol. 15, p. 223.

> en possession de traiter librement avec toutes les nations. Après avoir obtenu tous ces sacrifices, il fallait par les douceurs d'une administration chérie, attirer de nouveaux habitants dans une terre dont le climat était aussi décrié que la fertilité en était peu connue[48].
>
> Il s'agissait d'avoir un homme capable de manier des esprits si indociles, si durs, si indisciplinables, on le trouva et même on l'employa. Bertrand d'Ogeron, gentilhomme angevin, à l'épreuve de la fortune, doux et ferme, habile et patient, éclairé par les malheurs et par l'habitude de vivre avec ce peuple féroce, chéri de ce peuple, estimé des hommes d'État comme des gens de bien […] fut chargé non seulement de ramener l'ordre, mais encore de façonner au joug ces peuplades de chasseurs et de pirates, mais encore d'assortir avec leurs mœurs l'intérêt de la métropole ou de la compagnie, mais encore de rendre au milieu d'eux le goût de l'agriculture prédominant sur les passions effrénées du brigandage[49].

Les deux œuvres convergent par leur emphase élogieuse d'un d'Ogeron, qui incarne ici le double du philosophe, ou plus précisément du gouvernant éclairé appliquant les principes de l'altercolonialisme que nous avons définis.

Cette figure s'oppose à celle de l'anglais Willis choisi par les Espagnols en 1638 pour purger la Tortue et Saint-Domingue des flibustiers. Roubaud le présente de façon neutre et définit la résistance des flibustiers comme résultant de la « jalousie » et donc de l'appât du gain, alors que l'*HDI* parle d'« esprit national » exalté par les qualités militaires des flibustiers, contre un Willis tyran et avatar de la mauvaise colonisation[50].

Il ne met en évidence qu'une seule divergence fondamentale sur la liberté du commerce à propos de laquelle Roubaud, physiocrate radical, ne transige pas, et le monopole de l'Exclusif que les auteurs de l'*HDI*, en héritiers de Véron de Forbonnais permettent dans certains cas. Raynal est d'ailleurs ouvertement critiqué par Roubaud qui le conteste sur ce que le premier présente comme un bon bilan économique des colonies caribéennes françaises sous l'Exclusif :

> L'auteur de l'*Histoire des établissements des Européens dans les deux Indes* dit, que si les habitants des îles françaises, liés par de si pesantes chaînes, ne portèrent point ailleurs leur activité, « il faut attribuer leur constance à quelques légers encouragements, et que la culture du tabac, du cacao et de l'indigo, du coton, fut assez favorisée[51] ».

---

48   H80, t. III, livre XIII, chap. 35, p. 414. Là encore, il s'agit d'un ajout de l'édition de 1780.
49   *HG*, vol. 14, p. 298-299.
50   Voir H80, t. III, livre XIII, chap. 34, p. 412-413 ; *HG*, vol. 14, p. 237-238.
51   *HG*, vol. 15, p. 56 cite H74, t. V, livre XIII, chap. 3, p. 13.

Et après avoir proposé un bilan chiffré :

> Où sont donc les encouragements qu'on nous vante ? Quel mal le monopole et la fiscalité ne firent-ils pas aux colonies ?[52]

L'*HDI* concède à l'argument adverse en rectifiant : « Il faut attribuer leur persévérance à des ressources indépendantes de l'administration[53] ». Quoi qu'il en soit, les deux discours altercolonialistes convergent quant à la manière de civiliser des pirates, et entrent tout à fait en cohérence avec leurs préconisations respectives quant aux Barbaresques, pirates qui leur sont contemporains.

> Heureux les Européens si un génie bienfaisant apprend aux Barbaresques et à la plupart des nègres à cultiver leurs terres fertiles, à connaître les droits et les marchés à toutes nations, à défendre leurs propriétés et leur liberté, à connaître les droits et les intérêts des peuples ! L'Afrique serait à l'Europe [...] une cause active de sa prospérité. L'alliance la plus naturelle et la plus profitable est entre des peuples voisins ; le commerce le plus avantageux entre des voisins riches[54].

La mise en place de ces principes ne passe cependant pas, chez Roubaud, par un appel direct à coloniser, ce qui est, comme l'a montré Ann Thomson, une spécificité de Raynal qui se fait porte-parole des projets de conquête de diplomates comme Guyot de Kercy en appelant à l'usage de la marine de guerre[55] :

> Il faut que toutes les puissances maritimes concourent à l'exécution d'un dessein qui les intéresse toutes également. [...] La guerre aura été, du moins une fois, utile et juste[56].

Loin d'être une contradiction avec le reste de l'œuvre, cet appel à la guerre maritime s'inscrit bien dans une pensée altercolonialiste défendue tout au long de l'œuvre, ce que rappelle ultimement le discours de Diderot :

> Cependant, si la réduction et le désarmement des Barbaresques ne doivent pas être une source de bonheur pour eux comme pour nous ; si nous ne voulons pas les traiter en frères [...] ; si le fanatisme peut encore

---

52   *HG*, vol. 15, p. 62.
53   H80, t. III, livre XIII, chap. 4, p. 341.
54   *HG*, vol. 11, p. 302-303.
55   Ann Thomson, « La Barbarie de l'*Histoire des deux Indes* aux "Mémoires" de Raynal », in *L'Histoire des deux Indes : réécriture et polygraphie, op. cit.*, p. 136.
56   H80, t. III, livre XI, chap. 9, p. 119-120.

renouveler ces odieuses croisades, que la philosophie a vouées trop tard à l'indignation de tous les siècles ; si l'Afrique enfin allait devenir le théâtre de notre barbarie, comme l'Asie et l'Amérique l'ont été, le sont encore : tombe dans un éternel oubli le projet que l'humanité vient de nous dicter ici, pour le bien de nos semblables ! Restons dans nos ports[57].

Ici, le spectre historique des colonisations espagnoles et portugaises mues par l'esprit de conquête tyrannique, et des colonisations britannique et hollandaise à l'esprit de commerce perverti, plane en avertissement, mais n'implique pas un anticolonialisme de fond. Il s'agit avant tout d'un appel des auteurs à respecter les principes de « l'autre colonisation » conceptualisée notamment par Véron de Forbonnais. La promotion d'une coalition maritime n'est, de plus, pas anodine chez des auteurs qui, par ailleurs, exaltent le patriotisme maritime de la France et encouragent sa politique navale, tant pour protéger ses colonies que pour résister à la thalassocratie britannique.

En définitive, la contemporanéité des barbaresques et d'autres pirates asiatiques vis-à-vis de nos auteurs a accru l'hostilité de ces derniers à leur égard, dans la mesure où leur sont attribués comme essence même de leur pratique des éléments qui relèvent de la « mauvaise colonisation », tels que l'esprit de conquête ou l'esprit de brigandage, mais aussi le fanatisme religieux pour certains et l'indigence économique des états qui les font naître pour les barbaresques. Le portrait dressé de l'Afrique du Nord avec une agriculture qui serait médiocre, une marine indigente et un commerce presque réduit à la rapine est une antithèse de ce qui est promu par les Lumières concernant l'économie politique.

L'altercolonialisme pour le développement de l'Afrique du Nord, prôné dans les deux œuvres, est en cela précurseur qu'il trouve son prolongement, notamment dans la doctrine saint-simonienne, à partir de 1830. Philippe Régnier rappelle « l'association universelle des peuples » par le truchement d'un progrès technique et scientifique – édification de barrages, irrigation, mise en place d'infrastructures telles les voies de communication, et d'un *nouveau christianisme*[58]. Il ne serait pas inintéressant de s'interroger sur les éventuels liens de généalogie intellectuelle.

Les deux œuvres convergent sur la nécessité d'abattre la piraterie, et cela pourrait passer pour contradictoire en comparaison du portrait beaucoup plus ambigu d'autres pirates, et *a fortiori* de la flibuste. Pourtant, ces pirateries plus éloignées dans le temps sont sujettes au fantasme, à plus forte raison dans

---

57   *Ibid.*, t. III, livre XI, chap. 9, p. 121-122.
58   Ismayl Urbain, *Voyage d'Orient suivi de Poèmes de Ménilmontant et d'Égypte*, éd. Philippe Régnier, Paris, L'Harmattan, 1993.

l'*HDI*. Mais réduire l'emphase de cette dernière au simple romanesque littéraire serait à notre sens inexact en ce que la réécriture de cette histoire témoigne d'une idéologisation clairement identifiable. La pertinence de cette emphase est d'ailleurs contestée ouvertement par Roubaud, double critique des auteurs de l'*HDI* qui semblent *a priori* en avoir tenu compte dans la troisième édition. L'*Histoire générale*, sur l'ensemble des pirateries, demeure plus catégoriquement condamnatoire et témoigne d'un effort de l'auteur de rester plus factuel, ainsi que d'un usage différencié des sources. Pourtant, s'il la condamne, il n'échappe pas totalement à la fascination « flibustophile » de son temps et cette dernière sert, par la validation rétrospective du processus de civilisation de ces flibustiers, la promotion d'une certaine vision de la colonisation.

En effet, les œuvres convergent à nouveau sur le bien-fondé d'un retour à l'ordre après le chaos qu'incarne la piraterie. Cet ordre trouve ses racines dans une pensée agrarianiste, pacifique et libérale, fécondée par la douceur d'un gouvernement qui civiliserait les forbans, et par l'esprit de commerce. Les deux œuvres ne divergent que sur la radicalité du positionnement à adopter contre le monopole de l'Exclusif dans le commerce maritime, puisqu'elles opposent un physiocrate radical à des auteurs héritiers d'une dialectique plus nuancée, empruntée à l'école de Véron de Forbonnais. Loin d'être si contradictoire et désunie, l'*HDI*, dont les épisodes s'éclairent en miroir, nous semble au contraire empreinte d'une idéologie cohérente.

Joseph Conrad dénonçait en son temps le fantasme persistant de l'aventure et du romanesque que suscitent en général le monde maritime et les navigateurs chez les terriens, au détriment de ce qui ferait leur essence : c'est-à-dire l'exercice en grande maîtrise de leur art, et cela en synergie de groupe[59]. L'historien et principal spécialiste actuel, Marcus Rediker[60] avait, dans la seconde moitié du siècle dernier, abattu ce cliché tenace du « pirate gentilhomme » d'extraction bourgeoise, pour démontrer l'importance du collectif, mais aussi, selon lui, de la dimension sociale du partage et leur opposition en *social bandits* à des sociétés coloniales capitalistes. Mais, en faisant de ces pirates ses doubles, par une exagération de ces aspects qui aboutissent à ériger leur activité en miroir de son propre militantisme, il a permis l'émergence d'un nouveau cliché. Le silence relatif des pirates et flibustiers du passé a permis à la littérature qui leur a succédé de leur faire dire tout et son contraire, et c'est ce que Franz Olivié appelle « L'Enfer de la Flibuste[61] »

---

59   Joseph Conrad, *Le Miroir de la Mer*, Paris, Gallimard, 2008.
60   Marcus Rediker, *Pirates de tous les pays*, Paris, Libertalia, 2008.
61   Franz Olivié, *L'Enfer de la flibuste*, Paris, Anacharsis, 2016.

Cela n'est pas sans évoquer la manière dont certains universitaires ont donné à leurs idéaux l'aura des philosophes du XVIIIe siècle en exagérant la portée des éléments de leurs discours qui y correspondent, ancrant ce faisant de fausses vérités dans l'imaginaire collectif : sur la piraterie par exemple, mais surtout ici, vis-à-vis du prétendu anticolonialisme des Lumières. Ils ont ainsi travesti une réalité plus nuancée au profit de leur idéologie, mus, peut-être, par le fantasme selon lequel ils seraient les doubles de ces philosophes passés et oubliant ce qui est, à notre sens, leur fondamental devoir intellectuel d'iconoclasme.

Raynal géographe ? La construction et les représentations de l'espace dans le livre VII de l'*Histoire des deux Indes*

Matthias Soubise

Résumé

À travers l'étude du livre VII, consacré à l'histoire de la conquête et à la description du Pérou, cet article cherche à comprendre la manière dont Raynal construit et donne à voir l'espace. Renonçant à développer la dimension exotique et plaisante du paysage, Raynal tente de faire de l'espace un objet de connaissance, en s'intéressant notamment à ce qu'il peut apprendre de l'histoire de la conquête et de l'économie coloniale. L'*Histoire des deux Indes* n'est pas qu'un catalogue d'informations, bien que celui-ci manifeste la rigueur intellectuelle de l'historien. Cette histoire renferme aussi un imaginaire de l'espace qu'on trouve à la fois sous la plume de Raynal et de Diderot, et qui transforme le Pérou en terre d'or et de feu.

Abstract

Through the study of the seventh book, focused on the history of the conquest and on the description of Peru, this paper seeks to understand the way in which Raynal creates and shows space. Renouncing any idea of expanding on the exotic and pleasant dimension of the landscape, Raynal tries to make an object of knowledge out of space, especially by showing how it can teach us about the history of the conquest and the colonial economy. The *Histoire des deux Indes* is not a mere catalogue of information, although it does demonstrate the historian's intellectual rigour. This book also contains an imaginary dimension of space which can be seen coming from Raynal's pen as well as from Diderot's, and which transforms Peru into a land of gold and fire.

Le livre VII est le deuxième du cycle de l'*HDI* consacré à la conquête espagnole en Amérique du Sud et centrale[1]. Raynal fait d'abord le récit de la découverte et

---

[1] Notre texte de référence est : *Histoire philosophique et politique des établissemens et du commerce des Européens dans les deux Indes*, Genève, Jean-Léonard Pellet, 1780, 4 vol. (l'orthographe est modernisée). Sauf mention contraire, toutes les citations sont issues de cette

de la colonisation du territoire avant d'en venir à son état actuel à travers la description des villes, des provinces et surtout de sa géographie, de son économie et de ses richesses minérales et agricoles. Le livre se termine sur un bilan économique sans appel : le Pérou s'est appauvri, et la cause est à trouver du côté de l'Espagne, qui ne le laisse pas commercer comme il le devrait et l'empêche d'exploiter toutes ses richesses. Cette vue d'ensemble donne l'impression d'une composition chronologique, des « premières notions » (chap. III) que les Européens ont eues du Pérou jusqu'à son état actuel. En dehors du chapitre VI, description de la civilisation inca telle qu'elle devait être avant la conquête, la progression chronologique semble être respectée pendant tout le récit de la conquête, du chapitre II au chapitre IX. Mais les chapitres suivants alternent entre des descriptions du territoire et de ses productions contemporaines à Raynal, et des descriptions retraçant l'histoire de certaines villes ou provinces, de la « découverte » jusqu'au temps de l'écriture[2]. Reste la « digression sur la formation des montagnes » du chapitre XXIV, écrite par Diderot, qui se conclut par un vibrant réquisitoire contre l'avidité des Européens. Sur trente-quatre chapitres, peu sont proprement consacrés au récit chronologique de la conquête du Pérou et la majorité décrit son état présent. À la lecture, on dirait donc plutôt qu'au récit de la conquête, ordonné par la progression spatiale dans un territoire à conquérir, succède un ordre géographique qui part de la côte caribéenne jusqu'au fleuve Orénoque. Raynal nous fait ensuite remonter ce fleuve pour entrer dans les terres et décrire le royaume de la Nouvelle Grenade et la province de Quito. Enfin, il s'arrête sur l'organisation du Pérou, pour finir sur une description de Lima, sa capitale. Quant aux derniers chapitres sur Panama et le détroit de Magellan – portes d'entrée et de sortie du continent –, ils sont appelés par la fin du chapitre sur Lima, décrite comme le véritable centre du commerce des colonies espagnoles.

La question spatiale est au cœur de l'organisation du livre VII, mais il est vrai que l'espace en tant que tel peine à retenir l'attention : la géographie disparaît peu à peu face à l'importance des événements historiques relatés, des savoirs collectés – qui transforment l'espace en un réservoir de connaissances parfois disparate – et surtout du discours philosophique développé au fil du texte[3].

édition (dorénavant H80). Pour les variantes, on se référera aux éditions de 1770 (t. III, Amsterdam, dite H70) et de 1774 (t. III, La Haye, Gosse fils, dite H74).

2   Carthagène (chap. X), Sainte-Marthe (chap. XI), le Venezuela (chap. XII-XIV), le royaume de Grenade (chap. XIX-XX) et Panama (chap. XXXII-XXXIII).

3   Sur la portée historique et philosophique de la colonisation espagnole dans l'*HDI*, voir : Roger Mercier, « L'Amérique et les Américains dans l'*Histoire des deux Indes* de l'abbé Raynal », *Outre-mers*, n° 240, 1978, p. 309-324 ; Heinz Klüppelholz, « La présentation de la conquête du Pérou dans l'*Histoire des deux Indes* », in *L'Histoire des deux Indes : réécriture et polygraphie*,

L'historien des deux Indes fait tout de même entendre une voix de géographe – et même deux voix de géographe, avec celle de Diderot. Celle-ci n'est pas celle du voyageur ou du compilateur à la Prévost[4], mais elle donne à entendre une autre dimension de l'espace, essentiellement liée aux évolutions historiques du territoire et à l'activité économique qui s'y développe.

Comparée à l'*Histoire générale des voyages* de Prévost ou, plus largement, aux nombreux récits de voyage et aux compilations qui apparaissent dès le XVIe siècle, l'*HDI* ne joue pas sur le pouvoir des images et des cartes. Une seule illustration ouvre chaque livre, et celle-ci ne rend pas vraiment compte des espaces dont il est question, privilégiant l'allusion aux événements historiques ou l'évocation allégorique[5]. Raynal ne semble pas s'intéresser à la description des paysages exotiques, contrairement à ses sources.

Outre les historiens et les voyageurs qu'il cite régulièrement, la plupart des informations de l'*HDI* sont puisées dans l'*Histoire générale des voyages* de Prévost, qui avait déjà compilé la majorité des sources (historiques et viatiques) relatives au Nouveau Monde[6]. Dans le cas du Brésil, Muriel Brot a montré à quel point l'usage de l'*Histoire générale des voyages* allait dans le sens d'un appauvrissement systématique des descriptions de la nature. Raynal se cantonne à la dimension purement informative du texte de Prévost, renonçant par la même occasion à « l'effet de réel » et au plaisir que les descriptions peuvent produire[7]. Tout se passe comme si Raynal réduisait les Indes à leur plus simple expression – des terres, des plantes, des métaux –, sans s'aventurer au-delà du compte rendu méthodique de la richesse du Nouveau Monde. Renonçant au pittoresque de la description, il rend certes son texte plus aride, mais pour mieux en augmenter la capacité argumentative : il ne s'agit plus de plaire grâce à la force esthétique des mondes évoqués, mais d'assurer son

---

éd. Hans-Jürgen Lüsebrink et Anthony Strugnell, Oxford, Voltaire Foundation, 1995, p. 189-204 ; Hans-Jürgen Lüsebrink, « La critique de la colonisation espagnole dans l'*Histoire des deux Indes* – discours, enjeux et intertexte », in *L'*Histoire des deux Indes *et quelques débats du dix-huitième siècle*, éd. Anthony Strugnell, SVEC 2003:07, p. 203-213 ; et Pierino Gallo, « Discours historique et discours philosophique : l'Amérique espagnole de Raynal », RZLG, vol. XLI, 3-4, 2017, p. 353-365.

4 Prévost, *Histoire générale des voyages, ou Nouvelle collection de toutes les relations de voyages par mer et par terre qui ont été publiées jusqu'à présent dans les différentes langues*, Paris, Didot, 1746-1759.

5 Voir Lise Andries, « Les illustrations dans l'*Histoire des deux Indes* », in *L'*Histoire des deux Indes *: réécriture et polygraphie*, op. cit., p. 11-41.

6 Voir la présentation du livre VII de l'édition critique rédigée par Susanne Greilich, in Raynal, t. II, p. 115-116.

7 Muriel Brot, « L'abbé Raynal, lecteur de l'*Histoire générale des voyages* : de la description à la démonstration », in *L'*Histoire des deux Indes *: réécriture et polygraphie*, op. cit., p. 94.

lecteur de la véracité du savoir collecté par le tri et la réorganisation méticuleuse des informations. Sans doute faut-il y voir un rempart contre l'exagération mensongère de certains voyageurs : la fascination pour le spectacle de la nature pourrait égarer, s'il est trop élogieux, celui qui cherche à connaître la vérité sur ces mondes qui ont suscité tant de fantasmes.

Les évolutions du texte montrent bien la réduction des descriptions liées au climat ou au paysage[8]. Raynal commence par recopier plus ou moins fidèlement ses sources avant de couper et de remanier au fil des éditions pour donner une image plus concise – et peut-être plus frappante – du monde américain. Dans le chapitre XXI, compilant les descriptions du Pérou du récit de voyage d'Ulloa et de Juan y Santacilia[9], Raynal cherche à épurer la description en la débarrassant de tout ce qui relèverait de l'appréciation personnelle. Entre 1770 et 1780, le texte est réduit de moitié :

> Au centre de la Zone torride, sous l'équateur même, on jouit sans cesse de tous les charmes du printemps. La douceur de l'air, l'égalité des jours et des nuits font trouver mille délices dans un pays que le soleil embrasse d'une ceinture de feu. On le préfère au climat des zones tempérées, où le changement des saisons fait éprouver des sensations trop opposées pour n'être pas fâcheuses par leur inégalité même. La nature semble avoir réuni sous la ligne qui couvre tant de mers et si peu de terre un concours de choses qui servent à tempérer l'ardeur du soleil dans un climat qui est pour ainsi dire un foyer de réflexion pour ses feux : l'élévation du globe dans cette sommité de sa sphère ; le voisinage des montagnes d'une hauteur, d'une étendue immenses et toujours couvertes de neige ; des vents continuels qui rafraîchissent les campagnes toute l'année, en interrompant l'activité des rayons perpendiculaires de la chaleur[10].

> C'est un des plus beaux pays du monde. Même au centre de la Zone Torride, le printemps est perpétuel. La nature a réuni sous la ligne, qui couvre tant de mers et si peu de terre, tout ce qui pouvait tempérer les ardeurs de l'astre bienfaisant qui féconde tout : l'élévation du globe dans cette sommité de sa sphère : le voisinage des montagnes d'une hauteur, d'une étendue prodigieuse et toujours couvertes de neige : des vents continuels qui rafraîchissent les campagnes toute l'année, en interrompant l'activité des rayons perpendiculaires de la chaleur[11].

---

8   L'étude de l'évolution du texte doit beaucoup au travail des variantes d'Eva Siebenborn pour l'édition critique de l'*HDI*.
9   Antonio de Ulloa et Jorge Juan y Santacilia, *Voyage historique de l'Amérique méridionale fait par ordre du roi d'Espagne*, trad. Éléazar de Mauvillon, Paris, Jombert, 1752.
10 H70, t. III, livre VII, chap. 21, p. 193-194.
11 H80, t. II, livre VII, chap. 21, p. 191.

Raynal retranche, fait disparaître le « on », dernière trace du relai de l'information, les marques de modalisation ainsi que tous les éléments du discours qui ne peuvent pas avoir de portée générale. Certes, la dimension poétique ou esthétique de la description se perd. Mais l'auteur apporte surtout des formules lapidaires à visée générale qui résument à la fois une vision du Pérou et l'essence du récit de voyage des Espagnols.

Même quand Raynal augmente son texte, il ne se contente jamais de copier pour de bon. Dans le chapitre XIX de l'édition de 1774 sur l'« organisation physique du Pérou[12] », Raynal ajoute à sa description des éléments qu'il puise dans le *Journal du voyage à l'équateur* de La Condamine[13], qu'il cite presque *in extenso*. Entre l'édition de 1774 et celle de 1780[14], la citation de La Condamine se voit réduite à des informations sur la hauteur de certains pics de la cordillère des Andes. Du commentaire sur l'altitude des montagnes et leur climat, il ne reste plus rien. Cela ne veut pas dire pour autant que Raynal a appauvri son texte : ce qu'il enlève est remplacé par des informations supplémentaires issues d'autres sources. Aux seules considérations sur les montagnes, Raynal ajoute le récit d'un mythe inca, détaille les productions minières et agricoles, s'attarde sur la nature des sols et décrit des végétaux endémiques ou acclimatés.

La collection d'informations tangibles ou quantitatives prime sur la description géographique seule. Réduire la place des citations et des descriptions permet aussi d'accumuler davantage d'informations sur le lieu, et de pousser plus loin la connaissance encyclopédique et critique du Pérou. Raynal requalifie l'espace, qui ne vaut plus pour ses qualités exotiques ou esthétiques : il devient avant tout un objet de connaissance.

Dans le livre VII, le récit de la conquête donne à voir un monde peu à peu découvert, puis le tableau géographique montre un espace marqué par des bouleversements historiques. Dans les premiers chapitres, le Pérou est doublement présenté comme une scène de théâtre et l'espace d'un voyage :

> Ici vont se développer des scènes plus terribles que celles qui nous ont fait si souvent frémir. Elles se répéteront sans interruption dans les immenses contrées qui nous restent à parcourir[15].

Raynal introduit le livre VII en invitant son lecteur au voyage dans l'espace et le temps. Mais ce voyage est une mise en scène : le Pérou devient une sorte de

---

12   H74, t. III, livre VII, chap. 19, p. 200-208.
13   La Condamine, *Journal du voyage fait par ordre du roi à l'équateur*, Paris, Imprimerie royale, 1751.
14   Dans H80, il s'agit du chapitre XXV.
15   H80, t. II, livre VII, chap. 1, p. 124.

théâtre macabre à ciel ouvert, suivant le *topos* de la *leyenda negra* de la colonisation espagnole[16]. Cependant, malgré cette introduction, le seul théâtre que Raynal donne à voir se trouve au moment de la capture d'Atahualpa par les hommes de Pizarro au chapitre v. Dans la description du subterfuge militaire de Pizarro, c'est une véritable disposition dramatique qui se met en place, avec des acteurs-soldats placés à différents endroits de la scène, et qui se révèlent à un moment précis, afin que l'action se referme sur le dernier roi des Incas.

En effet, le récit de la conquête semble effacer l'espace référentiel. La répétition des scènes de massacre prime sur l'intérêt porté aux lieux. On suit certes les *conquistadores* dans leur découverte de ces « immense contrées », mais Raynal ne s'attarde pas sur leur description, reléguée à plus tard. Le récit rejoue la première apparition du Pérou aux yeux des Espagnols : il est vu, nommé et conquis. Le lieu est indissociable du premier Européen à l'avoir *vu* : Bastidas et Carthagène (chap. X), Ojeda et le Venezuela (chap. XII), Colomb et l'Orénoque (chap. XVI), Quesada et la Nouvelle Grenade (chap. XIX), Pizarro et la ville de Lima (chap. XXXI). La conquête est aussi la construction, toujours à tâtons, d'une carte : les Espagnols explorent et s'imaginent l'espace avant de s'y aventurer. L'expédition de Pizarro fait face à cet obstacle qu'est le lieu lui-même :

> Rarement Pizarre put-il aborder ; et dans le peu d'endroits où il lui fut possible de prendre terre, il ne voyait que des plaines inondées, que des forêts impénétrables, que quelques sauvages peu disposés à traiter avec lui[17].

La première représentation de l'espace est un aveuglement : on n'y voit et n'y comprend rien. L'espace de la conquête n'est qu'un obstacle à la poussée dans le territoire, généralement caractérisé par la menace qu'il représente.

> Le Pérou est un pays très difficile, où il faut continuellement gravir des montagnes, marcher sans cesse dans des gorges et des défilés. On y est réduit à passer, à repasser perpétuellement des torrents ou des rivières dont les bords sont toujours escarpés[18].

---

16   Sur l'image négative de l'Espagne dans l'*HDI*, voir Manfred Tietz, « L'Espagne dans l'*Histoire des deux Indes* de l'abbé Raynal », in *Lectures de Raynal : l'*Histoire des deux Indes *en Europe et en Amérique au XVIIIᵉ siècle*, Oxford, Voltaire Foundation, 2014 [1991], p. 99-130 et Heinz Klüppelholz, « La présentation de la conquête du Pérou dans l'*Histoire des deux Indes* », art. cit. Nous renvoyons aussi à l'article de María José Villaverde publié dans ce volume : « L'image des *conquistadores* et de l'Espagne dans l'*Histoire des deux Indes* : un double regard ».
17   H80, t. II, livre VII, chap. 4, p. 131.
18   H80, t. II, livre VII, chap. 5, p. 137.

L'évolution du livre VII transforme alors l'opacité et l'hostilité des lieux en une vision globale et organisée qui perce à jour – qui pénètre, comme les *conquistadores* – les secrets du territoire.

Raynal a bien conscience que l'espace péruvien n'est pas né de la conquête. Il lui préexistait. Les Incas possédaient leur propre mode de représentation de l'espace. Dans la lignée de Garcilaso, grand défenseur de la civilisation inca[19], Raynal note leurs progrès scientifiques dans la détermination temporelle et spatiale :

> [...] ils avaient quelques notions astronomiques, telles que les points de l'horizon où le soleil se couche dans les solstices et les équinoxes, bornes que les Espagnols détruisirent comme des monuments de la superstition indienne[20].

L'espace inca est à la fois terrestre et céleste, fondé par une observation minutieuse des astres. Les Espagnols, dans une représentation fidèle à la *leyenda negra*, voient dans tous les objets incas le signe d'un culte hérétique. La dimension sacrée de l'espace ne peut sans doute pas être niée, mais Raynal sécularise l'information pour insister sur l'aspect scientifique de ce savoir. La conquête espagnole est alors une destruction d'une manière de se représenter l'espace et, pour une civilisation, de se représenter elle-même. Le monde inca est devenu une extension de l'empire espagnol, redécoupé au fil des réorganisations politiques et administratives. D'un point de vue économique, Raynal, lecteur de Garcilaso et de Quesnay[21], s'intéresse tout particulièrement à la manière dont les Incas organisaient la propriété des terres agricoles et la production des vivres :

> Les terres du royaume, susceptibles de culture, étaient partagées en trois parts, celle du soleil, celle de l'inca, et celle des peuples. Les premières se cultivaient en commun, ainsi que les terres des orphelins, des veuves, des vieillards, des infirmes, et des soldats qui étaient à l'armée. Celles-ci se cultivaient immédiatement après celles du soleil, et avant celles de l'empereur[22].

---

19   Raynal s'appuie sur Garcilaso de La Vega (dit « l'Inca Garcilaso »), *Le Commentaire royal ou l'histoire des Yncas, rois du Pérou*, trad. Baudoin, Paris, Augustin Courbé, 1633.
20   H80, t. II, livre VII, chap. 6, p. 138.
21   Quesnay, « Analyse du Gouvernement des Yncas du Pérou », *Éphéméride du citoyen*, 1767, t. I, p. 35-54.
22   H80, t. II, livre VII, chap. 6, p. 142.

Ces éléments connus de la civilisation inca soulignent en creux que la colonisation a profondément transformé le rapport au territoire que les habitants du Pérou, anciens et nouveaux, entretiennent. Les modalités de la propriété et de l'exploitation de la terre ont radicalement changé avec l'arrivée des Espagnols. Cet intérêt pour les modes de propriété ne concerne pas seulement les Incas, mais aussi les peuples « sauvages » des bords de l'Orénoque :

> La propriété qui n'existait pas chez les peuples sauvages, qui était peu de chose chez les peuples pasteurs, commence à devenir importante chez les peuples agricoles[23].

Il y a donc une évolution historique de la géographie à laquelle Raynal est attentif : l'espace n'est jamais donné, il est toujours une construction des sociétés qui l'habitent, l'organisent et se le représentent de diverses manières. Dans le cas de l'agriculture inca, l'organisation de la terre recouvre une organisation sociale, économique et religieuse. La division des terres arables manifeste une forme de société égalitaire ou solidaire, faisant de l'empire inca un autre « âge d'or », non pas riche de ses métaux mais d'une agriculture qui bénéficie à la communauté dans son ensemble[24].

Le regard de l'historien sur la civilisation inca ne peut donc oublier la dimension spatiale de cette société, fortement liée à un territoire, de manière politique, économique et symbolique. Les traces de l'espace inca sont aussi l'un des rares vestiges de cette civilisation disparue : seules des ruines des villes et des temples demeurent. Raynal cherche donc à connaître l'état de cette civilisation, sans croire naïvement tous les témoignages qui s'y rapportent. L'historien met donc dos-à-dos les descriptions trop élogieuses, généralement des premiers Espagnols, et « le pyrrhonisme, quelquefois outré, qui a succédé à une crédulité aveugle[25] » incarné par Cornélius De Pauw[26]. Dans l'édition de 1770, Raynal suit l'image admirative – celle d'un véritable âge d'or de l'humanité – tirée de Garcilaso. Mais, à partir de 1774, il récuse une grande

---

23 H80, t. II, livre VII, chap. 17, p. 182.
24 On lira avec attention l'article d'Aliènor Bertrand sur le texte de Quesnay, et la manière dont celui-ci utilise Garcilaso : « Portrait de l'Inca en physiocrate. Analyse et travestissements de la première expérience coloniale au siècle des Lumières », in *La Fabrique du XVIe siècle au temps des Lumières*, éd. Myrtille Méricam-Bourdet et Catherine Volpilhac-Auger, Paris, Classiques Garnier, 2020, p. 69-88.
25 H80, t. II, livre VII, chap. 6, p. 144.
26 Cornélius De Pauw, *Recherches philosophiques sur les Américains, ou mémoires intéressants pour servir à l'histoire de l'espèce humaine*, Berlin, Decker, 1768-1771 (rééd. Londres, 1771-1774).

partie de cette vision élogieuse, influencé par la lecture de De Pauw et des récits de voyage contemporains qui viennent nuancer l'idée de la grandeur technique des Incas[27]. S'il continue à louer les mœurs et l'organisation sociale de cette civilisation, la critique s'attaque tout particulièrement à ce qui a pu être dit de ses prouesses architecturales, « la grandeur et la magnificence des monuments de tous les genres[28] » et au mythe d'un monde couvert d'or et de richesses. La Condamine publie en 1748 un mémoire concernant sa visite des ruines de Cañar, dans la province de Quito. Il y fait état de doutes quant aux capacités architecturales des Incas[29]. Ce mémoire est repris par De Pauw, puis par Raynal qui écarte tous les éléments qui ne coïncident pas avec l'état des connaissances sur leurs avancées techniques. L'approche critique lui permet d'offrir un tableau qu'il juge plus proche de la réalité du monde inca : une civilisation simple, qui « ignorait l'usage des leviers et des poulies[30] » et dont les principales avancées techniques se limitaient à des constructions simples. Mais il ne s'agit pas de déterminer définitivement ce qu'était l'empire inca ; Raynal se trouve seulement face à un constat : les ruines, comme elles se présentent aux voyageurs, ne permettent pas de croire à la grandeur de ce peuple, dans la mesure où la destruction de la majeure partie de leurs édifices serait le signe de la fragilité de leurs capacités techniques. Contrairement à De Pauw, dont l'objectif était de prouver la faiblesse générale de cette civilisation sur tous les plans, Raynal s'attaque davantage aux fables qu'ont colportées les Espagnols pour tenter de dégager une vérité historique fiable. Il révèle ainsi que le discours élogieux cache un discours de convoitise : les riches palais s'accordent dans la légende espagnole aux « jardins remplis d'arbres, dont les fleurs étaient d'argent et les fruits d'or » ou aux « champs de maïs, dont les tiges étaient d'argent et les épis d'or[31] », manifestations d'un art d'orfèvre impossible à prouver en l'état, que Raynal interprète donc comme les signes d'un désir de rapine. L'espace inca ne peut être rendu qu'avec les informations dont l'historien dispose : les ruines, telles qu'elles ont été vues par des témoins fiables, offrent à la pensée un monde enfin débarrassé du fardeau du récit légendaire : « Des gens éclairés ont vu ces ruines, et le merveilleux a disparu[32] ».

---

27   Voir Jorge Cañizares-Esguerra, *How to Write the History of the New World. Histories, Epistemologies, and Identities in the Eighteenth-Century Atlantic World*, Stanford, Stanford University Press, 2001, p. 35-38.
28   H80, t. II, livre VII, chap. 6, p. 145.
29   La Condamine, « Mémoire sur quelques anciens monuments du Pérou, du temps des Incas », *Histoire de l'Académie royale des Sciences et des Belles Lettres*, 1746, p. 435-456.
30   H80, t. II, livre VII, chap. 6, p. 146.
31   H80, t. II, livre VII, chap. 6, p. 148.
32   H80, t. II, livre VII, chap. 28, p. 213.

Avec l'apport de Diderot, l'*HDI* élargit sa portée historique en s'intéressant à une histoire naturelle qui ouvre vers une chronologie plus vaste et moins connue que le temps de la conquête. Le début de la « digression sur la formation des montagnes » de Diderot joue sur l'image de ce dépassement :

> Mais pour distraire notre imagination de tant de tableaux désolants qui nous ont peut-être trop occupés, perdons un moment de vue ces campagnes ensanglantées, et entrons dans le Pérou, en fixant d'abord nos regards sur ces monts effrayants, où de savants et courageux astronomes allèrent mesurer la figure de la terre. Livrons-nous aux sentiments qu'ils éprouvèrent sans doute et que doit éprouver le voyageur instruit ou ignorant, partout où la nature lui offre un pareil spectacle. Osons même nous permettre quelques conjectures générales sur la formation des montagnes[33].

Le déplacement dans l'espace et celui dans le temps sont liés : c'est en voyageant dans les montagnes qu'on se détache de l'histoire de la conquête pour atteindre un lieu plus élevé et un temps méconnu. Gravir la montagne, à l'image de La Condamine ou de Bouguer, partis mesurer un méridien sur les montagnes de Quito[34], revient à gravir l'échelle du temps et à accéder à une nouvelle connaissance de l'histoire naturelle. Mais le chapitre ne décrit pas ce mouvement ascensionnel : au contraire, les montagnes, puisqu'elles sont d'anciens volcans, doivent permettre de penser les profondeurs de la terre. Diderot joue sur la force des contrastes, entre les « masses énormes qui s'élèvent à des hauteurs prodigieuses au-dessus de l'humble surface du globe[35] », les « abîmes obscurs et muets[36] », l'évocation des mines creusées dans les « entrailles de la terre » et surtout des « feux souterrains[37] » qu'il souhaite à la fin voir jaillir en punition de l'horreur de l'exploitation de l'or péruvien. Le chapitre, entre ces deux moments très expressifs, énumère différentes hypothèses sur la formation des montagnes, empruntées à Woodward, Whiston, Moro et Buffon. Au cœur du livre VII, Diderot fait surgir un temps qui sort de la chronologie humaine, et presque de la chronologie biblique, en se demandant si les montagnes existaient déjà avant le Déluge, si elles en sont le produit ou si elles

---

33   H80, t. II, livre VII, chap. 24, p. 197.
34   Pierre Bouguer, académicien parti au Pérou en compagnie de La Condamine en 1735. Il publie à son retour une relation de voyage et le compte rendu de ses mesures : *La Figure de la Terre*, Paris, Jombert, 1749.
35   H80, t. II, livre VII, chap. 24, p. 197.
36   H80, t. II, livre VII, chap. 24, p. 197.
37   H80, t. II, livre VII, chap. 24, p. 201.

ont été formées par d'autres accidents géologiques. L'espace lui-même s'élargit, puisqu'il ne s'agit plus seulement du Pérou mais de toutes les montagnes, créant une chaîne géologique du Vésuve à la cordillère des Andes ; de même, l'approche naturaliste des montagnes oblige à penser les différentes croutes du globe terrestre ou l'action du « satellite qui nous accompagne » sur le mouvement de « flux et de reflux » des eaux[38].

Cette digression rappelle qu'un des enjeux principaux du livre VII de l'*HDI* est la terre et son exploitation, agricole ou minière. L'histoire du Pérou colonial se conçoit alors comme une histoire de la terre, de l'évolution de sa possession et de son exploitation. L'histoire et la géographie se façonnent mutuellement : la conquête met des noms sur des cartes et modifie la terre et les paysages ; l'espace détermine aussi le mouvement des personnes, l'étude de la terre permet de penser une autre échelle historique, qui ne se limite pas au récit des vainqueurs, et les conditions de son organisation et de son exploitation font ou défont la richesse d'une société. L'historien et philosophe s'intéresse donc à cette terre – riche et violente –, dans le sens où elle permet de comprendre la colonisation et ses limites.

Entre l'empire inca et la colonisation espagnole, on est passé de la description positive de l'agriculture des Incas à l'horrible tableau de l'exploitation des richesses du sol par les Espagnols. Chaque description d'un lieu est le moment de s'attarder sur ses richesses et la manière dont elles peuvent être exploitées, et ce sont les mines d'or ou d'argent qui attirent le plus l'attention. Dans le récit de la conquête, l'or apparaît comme le but principal du voyage : il définit si un territoire a de la valeur ou non, s'il vaut la peine de s'y arrêter et de se l'accaparer. En 1535, les Espagnols délaissent l'Orénoque, n'y trouvant pas les mines attendues[39]. Objet de désir par excellence, il recompose le territoire, puisqu'il attire les hommes, provoque l'exploitation des montagnes et crée des villes qui deviennent des centres économiques. À propos de plusieurs villes minières, Diderot écrit :

> [...] aucune de ces villes ne fut élevée dans les contrées qui offraient un terroir fertile, des moissons abondantes, des pâturages excellents, un climat doux et sain, toutes les commodités de la vie. Ces lieux, si bien cultivés jusqu'alors par des peuples nombreux et florissants, n'attirèrent pas un seul regard. [...] Le voyageur conduit par le hasard ou par la curiosité dans ces régions désolées, ne put s'empêcher d'abhorrer les barbares et sanguinaires auteurs de ces dévastations, en songeant que ce n'était pas

---

38   H80, t. II, livre VII, chap. 24, p. 199 (l'auteur cite ici Buffon).
39   H80, t. II, livre VII, chap. 18, p. 184-185.

même aux cruelles illusions de gloire, au fanatisme des conquêtes, mais à la stupide et vile cupidité de l'argent, qu'on avait sacrifié tant de richesses plus réelles et une si grande population.

Cette soif insatiable de l'or qui n'avait égard, ni aux subsistances, ni à la sûreté, ni à la politique, décida seule de tous les établissements. Quelques-uns se sont soutenus ; plusieurs sont tombés, et il s'en est formé d'autres. Tous ont suivi la découverte, la progression, la décadence des mines auxquelles ils étaient subordonnés[40].

Ces villes sont entièrement tournées vers la mine, qui fait leur richesse et leur condamnation. Elles croissent et meurent selon son rendement, rendant par-là impossible des établissements pérennes et le développement de véritables cités prospères. Leur fondation va contre le bon sens géographique, qui voudrait qu'on s'installe là où la vie est favorable. Il n'en est rien : ce sont des lieux où la vie est niée et sacrifiée sur l'autel de l'exploitation de l'or. L'image de la mine recoupe celle du tombeau des Indiens et des convulsions d'un sol auquel Diderot prête la capacité de se venger de l'affront qui lui est porté. Dans une apostrophe au lecteur, le philosophe noue deux images fondamentales pour comprendre le rôle imaginaire joué par l'or, l'aveuglement et l'enfouissement :

> On me dit quel intérêt veux-tu que je prenne à ces vains détails dont tu m'importunes depuis si longtemps ? Parle-moi de l'or, de l'argent du Pérou. Dans cette région si reculée du Nouveau-Monde, *jamais je n'ai vu, jamais je ne verrai que ses métaux*. Qui que tu sois, qui m'interpelles ainsi, homme avare, homme sans goût, qui, transporté au Mexique et au Pérou, n'étudierais ni les mœurs, ni les usages, qui ne daignerais pas jeter un coup d'œil sur les fleuves, sur les montagnes, sur les forêts, sur les campagnes, sur la diversité des climats, sur les poissons et sur les insectes ; mais qui demanderais où sont les mines d'or ? où sont les ateliers où l'on travaille l'or ; je vois que tu es entré dans la lecture de mon ouvrage, comme les féroces Européens dans ces riches et malheureuses contrées ; je vois que tu étais digne de les y accompagner, parce que tu avais la même âme qu'eux. Eh bien, descends dans ces mines ; trouves-y la mort à côté de ceux qui les exploitent pour toi ; et si tu en remontes, connais du moins la source criminelle de ces funestes trésors que tu ambitionnes, puisse-tu ne les posséder à l'avenir sans éprouver de remords. Que l'or change de couleur, et que tes yeux ne le voient que teint de sang[41].

---

40   H80, t. II, livre VII, chap. 28, p. 214-215.
41   H80, t. II, livre VII, chap. 29, p. 221-222 (c'est l'auteur qui souligne).

L'or éblouit : il fait disparaître le reste du territoire en s'imposant seul à la vue. Diderot reproduit ici un lieu commun largement répandu de la critique de la colonisation espagnole, qu'on retrouve notamment chez Montesquieu[42] : avoir oublié de travailler la terre, de développer l'industrie et le commerce pour s'être focalisé démesurément sur les richesses des mines. L'obsession de l'or éclipse les autres richesses naturelles potentielles du territoire, peut-être plus sûres que l'or abondant des mines du Pérou. Sous la plume de Diderot, la mine prend les traits d'un Enfer terrible où apparaît la vision cauchemardesque d'une condamnation à mort des Européens. Avec ce passage et celui de la digression, Diderot transforme l'espace péruvien en spectacle effrayant, dans lequel le monde s'inverse et fait apparaître des images infernales à la Milton : il prolonge et modifie ainsi le théâtre macabre promis par Raynal.

L'*HDI* reprend la majorité des lieux communs concernant la géographie physique du Pérou. Le printemps éternel de Quito, l'air malsain de Carthagène, les tremblements de terre, l'absence de pluie à Lima, tous ces éléments font partie du savoir déjà acquis et répété sur le Pérou colonial. La particularité de Raynal tient à l'actualité de ses sources et des informations qu'il rapporte. On a évoqué plus haut la douceur du climat de la province de Quito : cette description fait figure d'exception. En effet, l'image de la géographie du Pérou est assez ambivalente, alternant entre les éloges d'une nature fertile et les descriptions négatives de paysages désolés ou de climats malsains. Le Pérou est le lieu d'une instabilité physique où les extrêmes se confrontent :

> On y éprouve le même jour, quelquefois à la même heure, et toujours dans un espace très borné, la température des zones les plus opposées[43].

Évoquant l'or et l'argent qu'on trouve quelquefois dans les vallées du Pérou, sans qu'il n'y ait de mine, Raynal donne cette explication :

> Les grosses masses de ces précieux métaux qui s'y rencontrent quelquefois, y ont été transportées par des embrasements souterrains, des volcans, des tremblements de terre ; *par des révolutions que l'Amérique a essuyées, essuie encore tous les jours*[44].

Ces « révolutions » de l'Amérique font les malheurs du Pérou, comme l'historien le rappelle dans un chapitre presque entièrement consacré à la destruction

---

42   Montesquieu, *De l'esprit des lois*, éd. Robert Derathé, Paris, Classiques Garnier, t. II, 1973, livre XXI, chap. 22, p. 62-65.
43   H80, t. II, livre VII, chap. 26, p. 205-206.
44   H80, t. II, livre VII, chap. 30, p. 226 (nous soulignons).

de Lima en 1746[45]. L'*HDI* semble alors créer une équivalence entre la nature du sol, l'exploitation sanglante des mines et l'histoire violente de la colonisation, tous sujets à des convulsions de différents ordres. On touche ici le paradoxe de la nature péruvienne, qui doit sa richesse à un sol dangereux. Toutefois, cela ne représente pas nécessairement un obstacle au développement d'une société, comme le montre l'exemple inca :

> Malgré les désordres de son organisation physique, la région qui nous occupe avait vu se former dans son sein un empire florissant[46].

La civilisation inca, malgré le relativisme de Raynal, avait réussi à se développer à l'intérieur d'un territoire pourtant hostile. Faut-il lire dans ce rappel de l'histoire inca une mise en garde à la couronne espagnole, dont l'empire actuel n'est plus aussi florissant ? La situation de l'empire contraste avec la description du pays. Le Pérou est en effet une terre pleine de richesses dont l'historien fait l'inventaire méthodique : quinquina, lama, vigogne, rocou, etc. Le catalogue des productions économiques est un éloge des richesses – autres que les mines – que renferme ce pays. C'est avant tout le développement économique qui intéresse Raynal. Il se fait parfois le chantre d'une « mise en valeur » du territoire et rappelle souvent que la technique peut pallier les aléas du climat et des sols. L'*HDI* se transforme parfois en manuel d'agriculture, comme lorsque, dans le chapitre sur le Venezuela, Raynal en vient à donner des conseils sur les champs de cacao :

> Les champs des cacaoyers sont encore sujets à être dévastés par les ouragans, si l'on ne prend la précaution de les entourer d'une lisière d'arbres plus robustes, à l'abri desquels ils puissent prospérer[47].

Le climat se dompte par la connaissance précise du territoire et l'observation des techniques agricoles les plus performantes. Face aux bords de l'Orénoque, territoire *a priori* vierge de toute exploitation, Raynal imagine le futur heureux où la civilisation pourra tirer de ce sol de nouvelles richesses :

> Il est doux d'espérer que ces vastes et fertiles contrées sortiront enfin de l'obscurité où elles sont plongées, et que les semences qu'on y a jetées produiront, un peu plutôt un peu plus tard, des fruits abondants[48].

---

45   H80, t. II, livre VII, chap. 31, p. 234-241.
46   H80, t. II, livre VII, chap. 27, p. 207.
47   H80, t. II, livre VII, chap. 13, p. 170-171.
48   H80, t. II, livre VII, chap. 18, p. 186.

La ligne de partage que crée Raynal divise les lieux fertiles, où l'agriculture peut se développer, et les sols stériles, impropres à la culture et la vie. L'*HDI* se lit alors comme une carte des lieux où la colonisation est viable et prospère, et de ceux à éviter. Les mines en général tomberaient dans la deuxième catégorie, comme la côte pacifique ; la province de Quito, au contraire, ou les bords de l'Orénoque, seraient les exemples de lieux propices au développement d'une économie que Raynal juge prospère. Ce n'est donc pas tant l'espace naturel du Pérou qui intéresse l'historien mais ce que le colonisateur peut en faire, les techniques et la politique qu'il peut convoquer pour mettre en valeur le territoire sous sa possession. L'espace demeure toujours un obstacle par bien des aspects, mais il n'y aurait aucune fatalité puisque tout pourrait être résolu grâce au travail de la terre et à une bonne action politique[49].

Le territoire n'a de valeur qu'en tant que réserve de richesse ou lieu d'une exploitation économique. Il faut donc que ces richesses circulent, et qu'elles circulent au-delà de l'espace restreint du monopole impérial. Raynal relie les espaces entre eux selon le commerce, légal ou illégal, qu'ils entretiennent. Chaque province commerce avec une autre : Quito achète l'huile ou le vin qu'il ne peut pas produire[50] et Guayaquil produit des viandes et du sel pour ses voisins, et du cacao pour l'Europe[51]. Mais cet espace fini ne peut suffire au commerce pour qu'il fleurisse : il lui faut d'autres débouchés. Dans les chapitres consacrés au Venezuela, Raynal décrit comment la production de cacao, pour se libérer du poids administratif du commerce espagnol, partait illégalement vers Curaçao, sous domination hollandaise, qui pouvait lui offrir en retour des biens dont elle avait besoin[52]. Les Hollandais, eux, n'ont aucun problème à commercer avec plusieurs nations, et remplacent l'Espagne là où elle est absente, comme dans le cas des établissements des bords de l'Orénoque[53]. Loin de condamner le commerce illégal, Raynal le décrit comme un moyen de pallier les lourdeurs et les manquements de l'Espagne. La situation de l'exclusif colonial est telle qu'elle ruine même les territoires les plus fertiles, comme la province de Quito :

> Difficilement nommerait-on un sol aussi fertile et dont l'exploitation ne fût pas plus chère : mais rien de ce qu'il fournit ne peut alimenter les marchés étrangers[54].

---

49 Il faudrait rapprocher l'*HDI* des thèses de Quesnay et de Locke, qui voient dans le travail de la terre d'une part le fondement de la propriété et d'autre part le gage de la prospérité (voir Aliènor Bertrand, « Portrait de l'Inca en physiocrate », art. cit.).
50 H80, t. II, livre VII, chap. 18, p. 185-186.
51 H80, t. II, livre VII, chap. 28, p. 211-212.
52 H80, t. II, livre VII, chap. 13, p. 171.
53 H80, t. II, livre VII, chap. 18, p. 184-186.
54 H80, t. II, livre VII, chap. 22, p. 193.

Le commerce ne peut tourner en rond à l'intérieur d'un espace fini, il doit s'ouvrir aux autres nations pour le bien de l'Espagne et de ses colonies. C'est là un dernier niveau dans la construction de l'espace : moins que l'attrait exotique des lieux, c'est l'espace comme *réseau* qui semble finalement intéresser Raynal, celui tissé depuis les débuts de la conquête par les Européens autour du globe terrestre. Ce réseau n'est jamais abstrait : au contraire, il s'incarne dans les spécificités propres à chaque lieu, tout en permettant de penser à plusieurs échelles. Le discours philosophique est indissociable du discours géographique dans la mesure où ce dernier permet de penser les conditions physiques de la colonisation et du commerce. La terre, qu'il s'agisse des profondeurs géologiques ou des richesses agricoles, est un enjeu de connaissance et le cœur du réquisitoire contre la politique coloniale de l'Espagne.

À la lecture du livre VII, il apparaît que, si la voix de géographe Raynal peut sembler un peu sèche, le ton change dès qu'on lit les passages écrits par Diderot. Celui-ci cherche en effet à émouvoir à travers la création d'images spatiales qui frappent les esprits. Pour cela, il compose certes les informations comme Raynal, mais il transforme surtout le Pérou en une terre de feu et d'or, sans jamais tomber dans la répétition du discours fabuleux récusé par l'abbé, mais en reprenant à son compte des lieux communs efficaces. L'*HDI* offre donc deux voix de géographe : l'une, retenue et factuelle ; l'autre plus imaginaire ou spectaculaire. Mais il ne faudrait pas croire qu'elles soient imperméables : on a pu voir comment Raynal aussi proposait un imaginaire spatial. C'est justement dans le frôlement des deux voix que se joue tout l'intérêt d'une lecture spatiale de l'*HDI*.

Deux conceptions opposées de l'empire chinois dans l'*Histoire des deux Indes*

Li Ma

Résumé

Les contributions de Diderot à l'*Histoire des deux Indes* permettent de juxtaposer deux conceptions radicalement opposées de la Chine. D'une part, elles fournissent des compléments à l'œuvre de Raynal, en particulier par leurs réflexions politiques et philosophiques sur certains aspects de la société chinoise ; d'autre part, elles obligent Raynal à corriger son chapitre intitulé « L'état de la Chine selon ses panégyristes ». On y trouve des défauts non négligeables, évoqués et sévèrement critiqués par Diderot, qui semblent en effet incohérents avec les écrits initiaux de Raynal.

Abstract

Diderot's contributions to the *Histoire des deux Indes* juxtapose two radically opposed conceptions of China. On the one hand, they provide complements to Raynal's work, in particular through their political and philosophical reflections on certain aspects of Chinese society; on the other hand, they compel Raynal to correct his chapter entitled « The State of China according to its panegyrists » where we can find significant defects that are mentioned and severely criticized by Diderot, and which do indeed seem incoherent given Raynal's initial writings.

Dans la première édition de l'*HDI* parue en 1770, Raynal a donné, dans la section concernant l'arrivée des Portugais en Chine, une image très positive de cet empire oriental[1]. Il a fait l'éloge de la prospérité de la culture des terres et des eaux dans l'empire, ainsi que de la sagesse de son gouvernement. En 1774, dans la deuxième version de l'ouvrage, bien que l'auteur fasse allusion à quelques défauts dans l'empire, tels l'infanticide et le brigandage des commerçants

---

[1] La présente étude a été réalisée grâce au soutien de la Bourse de recherche Sciences Humaines et Sociales du Ministère de l'Éducation chinois (17YJC752023). 本文系教育部人文社会科学研究青年基金项目 "18 世纪欧洲法语期刊中的中国形象研究"（项目编号：17YJC752023）阶段性成果。

chinois, et que certaines expressions retouchées nous paraissent ironiques, le ton général reste élogieux, et l'historien essaie de concilier les opinions opposées concernant la Chine en proposant d'envisager cet empire « sous un double aspect[2] ». Les représentations de l'empire ont considérablement changé dans la version de 1780. En divisant la section « Arrivée des Portugais à la Chine. État de cet empire » en trois chapitres – « Arrivée des Portugais à la Chine. Idée générale de cet empire », « État de la Chine, selon ses panégyristes » et « État de la Chine, selon ses détracteurs[3] » (ce dernier rédigé en grande partie par Diderot) –, les rédacteurs de l'*HDI* mettent en scène deux images diamétralement opposées de la Chine[4].

Certains passages de Diderot, traitant des images défavorables de l'empire chinois et rédigés pour une nouvelle édition de l'ouvrage de Raynal, ont été intégralement ou partiellement insérés dans l'*HDI* en 1774. Ces passages, tels les *Fragments politiques* IV et XIV, ont donné ensuite lieu à des additions en 1780[5]. Comme les idées majeures de l'abbé restent identiques dans H70 et H74, on pourrait supposer que Diderot se fonde sur l'édition de 1770 de l'*HDI* pour composer ses réflexions et réfutations.

Dans cette étude, nous allons donc nous concentrer sur les passages concernant la Chine dans les trois versions de l'*HDI* (1770, 1774, 1780), et analyser les deux différentes interprétations des trois aspects principaux de la Chine, soit la prospérité de l'agriculture, le système politique qualifié de « patriarcal », et les mœurs du peuple. Les questions auxquelles nous essayerons de répondre sont multiples : quels sont les arguments de Raynal ? Comment Diderot a-t-il répondu à ces arguments et aux admirateurs de la Chine ? Comment les deux conceptions de l'empire chinois évoluent-elles dans l'ouvrage de l'abbé de 1770 à 1780 ? Nous étudierons ainsi les effets de cette évolution et l'influence de la

---

2 Selon Raynal, les opinions opposées de ses contemporains ne sont telles qu'en apparence, parce que la contrée de la Chine est immense et que les mœurs des habitants sont différentes (H74, t. I, livre I, chap. 13, p. 150 et suiv.).
3 H80, t. I, livre I, chap. 19, 20 et 21.
4 Sur l'image de la Chine dans l'*HDI*, on peut aussi consulter Hisayasu Nakagawa, « La Chine et le Japon ou la morale sociale dans l'*Histoire des deux Indes* », in *Raynal, de la polémique à l'histoire*, éd. Gilles Bancarel et Gianluigi Goggi, Oxford, Voltaire Foundation, 2000, p. 197-204, et Guido Abbattista, « How to deal with China. New Questions in the 1780 edition of the *Histoire des deux Indes* », in *Autour de l'abbé Raynal : genèse et enjeux politiques de l'*Histoire des deux Indes, éd. Antonella Alimento et Gianluigi Goggi, Ferney-Voltaire, Centre International d'Étude du XVIIIe siècle, 2018, p. 171-187.
5 Sur ce point, voir notamment Michèle Duchet, *Diderot et l'*Histoire des deux Indes *ou l'écriture fragmentaire*, Paris, A.-G. Nizet, 1978, p. 50-66, et Denis Diderot, *Pensées détachées ou Fragments politiques échappés du portefeuille d'un philosophe*, éd. Gianluigi Goggi, Paris, Hermann, 2011, p. 188, 199-200.

contribution de Diderot sur la nouvelle attitude de Raynal, par le dédoublement des voix décrivant l'état de la Chine.

Certains passages défavorables ajoutés dans la version 1774, peut-être de la main de Diderot, ainsi qu'une grande partie du chapitre XXI de H80 appartiennent à la voix des détracteurs de la Chine. À part quelques défauts particuliers, par exemple l'infanticide et le brigandage des commerçants chinois au port méridional de l'empire, les débats entre les panégyristes et les détracteurs s'organisent autour de faits communs de l'empire, tels que la population immense, la prospérité agricole et l'art chinois de gouverner.

Leurs débats constituent un reflet des représentations de la Chine en France au XVIIIe siècle. D'une part, on peut découvrir dans l'*HDI* les opinions des sinophiles qui apprécient l'agriculture, le système politique, l'administration et les mœurs du peuple. D'autre part, les défauts et les doutes évoqués dans le chapitre XXI de l'édition 1780 se trouvent aussi chez les contemporains, tels que Pierre Sonnerat, Cornélius de Pauw, Montesquieu et l'abbé de Mably.

Les conceptions radicalement différentes de la Chine dans l'œuvre de Raynal témoignent de l'intérêt et de la curiosité que ses contemporains portaient à l'empire chinois, comme l'auteur l'annonce au début du chapitre XX de H80 :

> Arrêtons-nous sur ce peuple, si diversement jugé par les Européens. Au tableau qu'en ont tracé ses panégyristes, opposons celui qui vient de ses détracteurs[6].

Nous allons donc examiner, dans les pages qui suivent, ces interprétations et ces jugements contrastés, pour ensuite retracer l'influence de cette polyphonie dans l'ouvrage de Raynal.

Dans le livre I de l'*HDI*, l'abbé consacre une assez grande partie de ses réflexions à l'agriculture chinoise. Il y présente différentes terres, leurs productions de toutes sortes, ainsi que la relation entre la navigation et l'agriculture. Dans la première édition, comme dans les deux éditions suivantes, l'éloge de l'empire chinois commence par l'agriculture, pour s'étendre ensuite sur d'autres aspects de la société. Selon l'auteur :

> Il n'y a donc point d'état où l'agriculture soit aussi florissante qu'à la Chine. Cet avantage, le plus grand dont puisse jouir une société, sort de plusieurs sources également respectables[7].

---

6   H80, t. I, livre I, chap. 20, p. 99. L'orthographe de nos citations est modernisée.
7   H70, t. I, livre I, p. 88.

La prospérité agricole en Chine est donc favorisée par plusieurs facteurs positifs, à savoir les caractères des peuples, la considération prise par l'empereur, l'enseignement procuré par les mandarins, la garantie des biens et des propriétés privés, et l'impôt « médiocre[8] ». Cette idée ne constitue pas une originalité, ce qui est révélé assez explicitement dans H74. Ici, Raynal a substitué les mots cités plus haut par la phrase suivante :

> Un philosophe sensible, et que l'esprit d'observation a conduit dans cet Empire, a connu et développé les sources de l'économie rurale des Chinois[9].

Ce « philosophe sensible » apprécié par Raynal est Pierre Poivre, l'auteur du *Voyage d'un philosophe ou Observations sur les mœurs et les arts des peuples de l'Afrique, de l'Asie et de l'Amérique* (1767).

Or, d'après Anatole Feugère, l'œuvre de Pierre Poivre constitue une des sources principales de l'*HDI*[10]. Raynal emprunte à sa compilation de nombreux morceaux[11]. Il adopte non seulement l'idée physiocratique de Pierre Poivre, d'après qui l'agriculture est la source de toute richesse et la Chine, le pays où l'agriculture est la plus florissante ; mais il suit aussi la structure essentielle de son ouvrage, et adopte presque entièrement les raisons de la prospérité agricole proposées par l'auteur du *Voyage d'un philosophe*.

Aux yeux de Pierre Poivre, pour se faire rapidement une idée de l'état d'une nation, il suffit de regarder sa situation agricole. Selon lui, l'agriculture est favorisée d'une part par la liberté, d'autre part par le droit de propriété. Par conséquent, la prospérité agricole prouve que ces deux éléments ont été bien assurés et protégés, ce qui démontre évidemment une bonne administration du gouvernement. De plus, la prospérité de l'agriculture favorise la croissance démographique et contribue au bonheur du peuple.

En un mot, la prospérité agricole garantit la richesse de l'état, l'immense population ainsi que le bonheur du peuple. Dans H70, en s'inspirant peut-être de cette logique, Raynal invoque la population en Chine comme un argument

---

8   H70, t. I, livre I, p. 88-91.
9   H74, t. I, livre I, chap. 13, p. 135.
10 Anatole Feugère, « Raynal, Diderot et quelques autres historiens des deux Indes (Suite et fin) », *RHLF*, n° 3-4, 1915, p. 422-423.
11 Sur les passages tirés directement du *Voyage d'un philosophe*, voir Guillaume-Thomas Raynal, *Histoire philosophique et politique des établissements et du commerce des Européens dans les deux Indes*, édition critique, dir. Anthony Strugnell, Andrew Brown, Cecil Patrick Courtney, Georges Dulac, Gianluigi Goggi, Hans-Jürgen Lüsebrink, Ferney-Voltaire, Centre international d'étude du XVIIIe siècle, 2010- (dorénavant Raynal).

prouvant la justesse du raisonnement de Pierre Poivre, et défend une image favorable de la Chine :

> Si l'on prenait pour l'ouvrage de l'enthousiasme ce tableau des mœurs et du gouvernement d'un peuple heureux, il suffirait de citer un grand fait qui prouverait tous les autres. La population n'est-elle pas la mesure de la sagesse de l'administration, et la marque infaillible de la prospérité d'une nation ? La population est excessive à la Chine. Le reste de la terre nous offre des contrées immenses où la tyrannie a étouffé dans tous les temps le germe de la vie ; quelques-unes qu'elle a changées en déserts ; d'autres où l'on fait aujourd'hui des efforts violents pour lever les obstacles qui s'opposent à la multiplication ; tous ces gouvernements démontrent l'excès du mal. La Chine trop peuplée pour nourrir ses laborieux habitants, est le seul pays du monde qui prouve qu'il peut y avoir un excès dans le bien[12].

Pourtant, Diderot, dans sa contribution à l'*HDI*, a complètement renversé la logique suivie par Raynal. Alors que celui-ci, en suivant Pierre Poivre, part de la situation agricole et de l'immense population pour juger d'autres aspects de la société chinoise, Diderot s'appuie sur l'argument de la surpopulation en Chine pour expliquer des défauts ou des prétendus avantages dans l'empire. Le philosophe laisse transparaître cette position dès le deuxième paragraphe du chapitre XXI : « La Chine jouissait ou était affligée d'une population immense [...][13] ». L'auteur fait juxtaposer les verbes « jouir » et « affliger », ce qui révèle les différentes prises de position des panégyristes et des détracteurs. L'ambiguïté résidant dans la phrase est vite éclaircie par la suite du texte qui montre clairement l'opinion de Diderot : la Chine était affligée d'une population immense[14].

Partant des faits évoqués ou traités par Raynal, tels la prospérité agricole, la navigation florissante, les soulèvements fréquents des paysans, le peu de progrès des sciences et des arts, ainsi que le phénomène d'infanticide relaté par plusieurs auteurs de la seconde partie du XVIIIe siècle en Europe, Diderot tire sa conclusion : « la Chine est donc la contrée de la terre la plus peuplée[15] ». Selon lui, ni la prospérité agricole ni l'immense population ne constitue une preuve

---

12   H70, t. I, livre I, p. 98-99.
13   H80, t. I, livre I, chap. 21, p. 115.
14   « La Chine et toute la Chine est donc très peuplée » ; « [...] une population très considérable » ; « [...] l'excessive population de la Chine » (H80, t. I, livre I, chap. 21, p. 116-117).
15   H80, t. I, livre I, chap. 21, p. 117.

de la sagesse du gouvernement chinois et des vertus du peuple. Les défauts et les prétendus avantages cités ci-dessus révèlent tous le surpeuplement sur le territoire de la Chine, d'où la nécessité de travailler continuellement et inlassablement les terres afin d'avoir des approvisionnements suffisants.

Cette constatation amène Diderot à tirer une autre conclusion : la Chine est la nation la plus corrompue[16]. Comme Diderot le dit lui-même, son jugement provient de l'« expérience générale », qui semblerait moins solide et moins convaincante. Cependant, l'auteur savait également mettre en avant des faits et des anecdotes :

> Ne puis-je pas demander quel est et quel doit être le caractère d'un peuple où l'on voit, dans des occasions assez fréquentes, une province fondre sur une autre province, et en égorger impitoyablement, impunément les habitants ? Si ce peuple peut avoir des mœurs bien douces ? Si une nation où les lois ne préviennent ni ne punissent l'exposition ou le meurtre des nouveau-nés, est civilisée ou barbare ?[17]

En faisant allusion aux conflits internes aux provinces en temps de crise et aux infanticides, Diderot démontre, à travers une série de questions rhétoriques, l'incompatibilité entre les prétendues bonnes mœurs du peuple chinois et quelques faits non négligeables.

Dans l'œuvre de Raynal, la constitution de l'empire chinois est présentée dans ses trois aspects principaux : l'empereur, les mandarins et les lettrés. En vue de préserver son trône, l'empereur respecte les lois du pays, ce qui le rend « plus sage et plus éclairé ». La piété filiale étant « le ressort de cet empire », il est considéré par son peuple comme un père de famille. Cette forme de gouvernement patriarcal garantit le bonheur des Chinois. Les mandarins sont choisis pour leur mérite et leur sagesse. En outre, puisqu'ils sont élus parmi les lettrés qui reçoivent dès l'enfance une éducation « qui inspire l'humanité, l'amour de l'ordre, la bienséance, le respect pour les lois », ils transmettent toutes ces idées au peuple. Tout cela, selon Raynal, sert à borner ou à arrêter « les progrès du despotisme ».

Lorsque Diderot rédige son texte pour l'*HDI*, il examine, à l'instar de l'abbé, les trois aspects de la constitution chinoise. Il cite ou résume en premier lieu les idées principales de Raynal ou d'autres panégyristes, tels Voltaire et Quesnay, les met toutes en italique dans son texte, puis il les conteste à sa

---

16   « Cela supposé, ne s'ensuit-il pas qu'elle [la Chine] est la plus corrompue ? » (H80, t. I, livre I, chap. 21, p. 117).
17   H80, t. I, livre I, chap. 21, p. 117-118.

guise. L'ensemble de ces passages se présente sous la forme d'une discussion entre un admirateur de la Chine et un détracteur du pays.

En ce qui concerne la remise en question du système politique et de l'administration de l'empire, il est vrai que Diderot réfute les arguments des panégyristes, mais garde la plupart du temps une certaine prudence. Au lieu de formuler des énoncés catégoriques, il laisse en effet transparaître une hésitation. Par exemple, lorsqu'il parle de la piété filiale et du « gouvernement patriarcal » attribué à la Chine, il juge ainsi :

> Nous nous trompons peut-être ; mais les Chinois nous semblent courbés sous le joug d'une double tyrannie, de la tyrannie paternelle dans la famille, de la tyrannie civile dans l'Empire. D'où nous oserions conclure qu'ils doivent être les plus doux, les plus insinuants, les plus respectueux, les plus timides, les plus vils et les moins dangereux des esclaves [...][18].

Que ce soit par l'insertion de « peut-être » ou par l'emploi du conditionnel présent, Diderot émet tout simplement ses suppositions. Il ne s'agit pas encore d'un jugement radical, et la dimension critique paraît édulcorée. Cette démarche se trouve aussi dans ses réflexions sur la limite du pouvoir autoritaire en Chine :

> [...] nous craindrons, mal à propos peut-être, mais nous craindrons que cette barrière ne soit à la Chine qu'une grande toile d'araignée sur laquelle on aurait peint l'image de la justice et de la liberté, mais au travers de laquelle, l'homme qui a de bons yeux aperçoit la tête hideuse du despote[19].

Cette prudence relative et ce refus d'être catégorique de la part de Diderot s'expliqueraient par son véritable dessein dans l'examen de la constitution chinoise. Ainsi, au lieu de viser uniquement la situation réelle en Chine, l'auteur s'adresse plutôt aux lecteurs européens.

Dans ses répliques, il insère des discours politiques et philosophiques qui visent plutôt les notions politiques, à l'instar du « gouvernement patriarcal ».

Lorsqu'il évoque, au début du paragraphe 13, l'idée des panégyristes selon qui « *c'est comme père de ses sujets que le prince à la Chine est considéré, obéi, respecté* [...][20] », Diderot affirme que le souverain est le seul bénéficiaire de son statut paternel dans l'Empire. Cette piété filiale, considérée comme le ressort

---

18 H80, t. I, livre I, chap. 21, p. 119.
19 H80, t. I, livre I, chap. 21, p. 120.
20 H80, t. I, livre I, chap. 21, p. 118 (italiques de l'auteur).

principal du gouvernement chinois, ne garantit pas les droits et la liberté du peuple :

> L'enfant ne demande point à son père compte de sa conduite ; et la liberté, sans cesse en péril, si le chef est à l'abri de toute poursuite par sa qualité infiniment respectable de père, sera nulle sous un despote qui imposera un silence absolu sur son administration[21].

Aux yeux de Diderot, ce gouvernement patriarcal n'est qu'une autre sorte de despotisme. Tout en réfutant les arguments des admirateurs du gouvernement chinois, le philosophe révèle les néfastes conséquences de la tyrannie :

> Quel est parmi nous l'effet du despotisme paternel ? Le respect extérieur et une haine impuissante et secrète pour les pères. Quel a été et quel est chez toutes les nations l'effet du despotisme civil ? La bassesse et l'extinction de toute vertu[22].

Il en conclut par la suite :

> Nous en demandons pardon à nos adversaires : mais le gouvernement patriarcal d'une contrée immense, d'une famille de deux cents millions d'individus, nous paraît une idée presque aussi creuse que celle d'une république de la moitié du monde connu[23].

Outre ces discours politiques qui dénoncent le pouvoir autoritaire des souverains, Diderot essaie de dissiper le mirage chinois qui circulait en France au XVIIIe siècle. D'après lui, les éloges que font les sinophiles ne sont pas propres à la Chine. D'autres nations, en Europe ou ailleurs, possèdent également des tribunaux de l'Histoire, leurs souverains sont aussi conscients de l'importance d'être soutenu par les peuples et de les rendre heureux ; là-aussi, l'autorité souveraine est limitée. La Chine ne constitue donc pas une exception. De plus, malgré toutes ces préventions, la tyrannie semble inévitable, car les bonnes qualités du prince risquent d'être affaiblies par « la dangereuse jouissance du pouvoir suprême » ; la présence du tribunal historique en Chine n'empêche

---

21   H80, t. I, livre I, chap. 21, p. 118.
22   H80, t. I, livre I, chap. 21, p. 119.
23   H80, t. I, livre I, chap. 21, p. 120-121.

pas que certains souverains commettent des fautes cruelles envers leurs historiographes ; les empereurs chinois ne sont pas tous éclairés :

> [...] la Chine n'a été, n'est, et ne sera jamais gouvernée que par des monarques accomplis ? Ô révérence des temps passés et des contrées éloignées, combien tu nous fais dire de sottises ![24]

Diderot glisse dans le texte ses points de vue concernant l'engouement de la Chine parmi ses contemporains. Ce n'est pas que cette dernière est mille fois meilleure à ses yeux ; mais la distance qui sépare l'Europe de l'Orient masque, dans une certaine mesure, ses défauts, tout en surévaluant ses avantages. Cette manière d'envisager l'engouement pour la Chine semble être le prélude à des critiques sévères des mœurs dans l'empire chinois.

Raynal, de son côté, avait souligné le lien étroit entre les mœurs des Chinois et les lois et manières de leur empire : « Les mœurs, à la Chine, sont prescrites par les lois, et maintenues par les manières, que prescrivent aussi les lois[25] ». En prenant en compte la sagesse des lois du pays, et en particulier la plus essentielle de toutes, la piété filiale, l'abbé semble avancer que les mœurs des Chinois doivent être tout aussi estimables.

Lorsque Diderot passe de la constitution gouvernementale aux mœurs populaires en Chine, il devient en revanche moins douteux, et de plus en plus sûr et radical.

Au début de son examen, il a eu recours aux « ouvrages des mœurs traduits du chinois ». Il fait allusion en effet au roman chinois intitulé *Hau-Kiou-Choaan*[26], qui lui fournit de nombreux témoignages des mœurs corrompues des Chinois. Au lieu de se fonder entièrement sur la fiction, l'auteur préfère examiner d'autres aspects de la société chinoise.

Cette corruption des mœurs, Diderot l'a attribuée à l'éducation reçue dès l'enfance. Cette éducation est considérée comme contraire à la nature. Même si l'on tient en grande considération les coutumes et les manières de politesse des peuples, au point d'ériger un tribunal des rites, cela sert peu à corriger les mœurs corrompues et ne peut être qu'une forme d'hypocrisie.

---

24   H80, t. I, livre I, chap. 21, p. 119.
25   H80, t. I, livre I, chap. 20, p. 112.
26   Roman traduit du chinois en anglais par James Wilkinson, édité par Thomas Percy, puis traduit de l'anglais en français par Eidous. Voir aussi le Fragment politique 14 de Diderot, et le compte-rendu de Grimm dans la *Correspondance littéraire* (15 septembre 1766 ; t. V, Paris, Furne, 1829, p. 156-158), dans lesquels ce roman chinois a été considéré comme un moyen efficace de mieux connaître la société et les mœurs des Chinois.

Diderot adopte une stratégie singulière dans ses réfutations des éloges concernant l'éducation, les rites et les lois en Chine. Lorsqu'il parle de la discipline rigide que l'on exige des enfants dans leur éducation, il s'interroge :

> Quel fruit espérer d'un exercice habituel aussi contraire à la nature ? Un homme d'un bon sens ordinaire répondrait, la taciturnité, la finesse, la fausseté, l'hypocrisie, et tous ces vices accompagnés du sang-froid particulier au méchant[27].

Dans le paragraphe suivant, en outre, face à l'argument des sinophiles selon qui « le code de la politesse chinoise est fort long », le philosophe écrit :

> Un homme d'un bon sens ordinaire en conclurait qu'elle cesse d'être à la Chine l'expression simple et naturelle des égards et de la bienveillance ; que ce n'est qu'une étiquette[28].

Enfin, quant au tribunal des rites loué par les panégyristes, il réfute :

> *Il y a un tribunal érigé contre les fautes dans les manières...* Un homme d'un bon sens ordinaire soupçonnerait que la justice y est mieux administrée contre ces minutieux délits, que dans les tribunaux civils contre les grands forfaits[29].

L'examen de ces trois prétendus avantages par Diderot présente un point commun : l'auteur y fait semblant d'être objectif, ce qui est perceptible à travers l'emploi des pronoms personnels. Au lieu d'utiliser le « nous » comme dans les passages précédents, le philosophe préfère plutôt, dans ces trois paragraphes consécutifs, la formule « un homme d'un bon sens ordinaire ».

Bien que ce sujet à la troisième personne puisse manifester une certaine objectivité, Diderot réussit à imposer ses propres opinions. Ayant recours à cet « homme de bon sens », il propose, en effet, non seulement une interprétation différente mais acceptable des prétendus avantages de la société chinoise, mais il rappelle également aux lecteurs d'être raisonnables devant l'engouement pour la Chine, et d'essayer de percer les apparences par une étude approfondie.

Cette objectivité simulée disparaît complètement lorsque Diderot raconte l'anecdote sur le brigandage des commerçants chinois. Cet épisode constitue

---

27   H80, t. I, livre I, chap. 21, p. 122.
28   H80, t. I, livre I, chap. 21, p. 122.
29   H80, t. I, livre I, chap. 21, p. 122-123 (italiques de l'auteur).

un point d'appui important dans la contestation des bonnes mœurs de la Chine, et est évoqué et critiqué à plusieurs reprises dans l'œuvre de Diderot. Pourtant, les jugements les plus sévères se trouvent dans l'*HDI* :

> Le Chinois n'a donc pas même un reste de pudeur commune à tous les fripons qui veulent bien l'être, mais qui ne souffrent pas qu'on le leur dise. Il est donc parvenu au dernier degré de la dépravation. [...] Et qu'on ne m'objecte pas que les Chinois observent entre eux une fidélité dont ils se croient dispersés avec l'étranger. [...] Mais à vous entendre, me dira-t-on, la Chine est presque une contrée barbare ... C'est pis encore[30].

Voici ce que Diderot écrit à la fin de l'anecdote, en guise de conclusion sur l'analyse de la constitution et des mœurs chinoises. Dans ses critiques, l'auteur change encore une fois le pronom personnel, ne daignant plus, désormais, masquer son intervention.

Ce qui ressort, en lisant les contributions de Diderot sur la Chine, c'est un gain de confiance progressif de la part de l'auteur. En parlant de la société et du peuple Chinois, il en arrive jusqu'à mépriser d'autres aspects de cet empire, telles la littérature et la philosophie, et à renverser ainsi l'idée selon laquelle les Chinois seraient un peuple sage.

Les lignes de Diderot sur « l'état de la Chine » dans l'*HDI* contribuent à mettre en place une image différente de celle des sinophiles. Elles apportent non seulement une autre interprétation des prétendus avantages de l'empire chinois, mais elles changent aussi, dans une certaine mesure, le ton élogieux du texte de Raynal. Cette mutation est déjà perceptible dans la deuxième édition (H74), où les propos critiques concernant la Chine sont sans doute en grande partie attribuables à Diderot[31].

À cause des ajouts analysant le brigandage des commerçants et l'infanticide pratiqué par des Chinois, le texte de l'abbé s'assombrit, perdant le ton élogieux qu'il avait dans sa version primitive. Le rédacteur en chef, qui plus est, a supprimé certains passages ; par exemple, la comparaison entre la culture des vignes en Europe et celle des grains en Chine, présente dans H70 :

> Les côteaux que les Européens couvrent de vignobles, à la Chine sont forcés de rapporter du grain. Ce n'est pas qu'on n'y connaisse la vigne ; mais le gouvernement croirait être barbare de priver le peuple de la denrée la plus nécessaire, pour procurer une boisson agréable aux gens

---

30   H80, t. I, livre I, chap. 21, p. 123-124.
31   Voir Raynal, t. I, p. 102, note 420.

les plus riches. L'état veut multiplier les hommes, et c'est par ce principe d'humanité qu'il s'occupe de la culture des grains, à l'exclusion des vignes[32].

Le contraste entre la Chine et l'Europe en matière de cultures permettait à Raynal de faire l'éloge des actions humaines du gouvernement chinois, et de critiquer à la fois, quoiqu'indirectement, les actions luxueuses et sans doute inutiles pratiquées par les Européens. Pourtant, ce passage a complètement disparu dans les éditions successives, à l'instar de ces quelques lignes sur les biens et les propriétés des cultivateurs : « Les biens sont indépendants comme les hommes. Il n'y a ni servitude réelle, ni servitude personnelle[33] ».

Outre ces suppressions, l'auteur a aussi effectué des changements importants au niveau de l'expression. Pour expliquer que les montagnes d'or n'avaient pas été exploitées depuis longtemps, Raynal avançait, en 1770, les hypothèses suivantes : « soit qu'elle ne se soient pas trouvées assez abondantes pour payer les travaux qu'elles exigeaient, soit qu'on ait estimé la vie des hommes plus que l'argent[34] ». Or, cette deuxième hypothèse est remplacée, en 1774, par la version suivante : « soit que les parties que les torrents en détachent, aient été jugées suffisantes pour tous les échanges[35] ». Il est clair que toutes ces retouches ont des rapports avec le concept d'humanité. L'infanticide évoqué par Diderot dans H74 paraît incompatible avec les actions humaines racontées par Raynal, ce qui l'oblige de les retrancher ou les corriger pour que le texte soit plus harmonieux.

Qui plus est, toutes ces variantes ont été conservées dans H80, même si, nous l'avons vu, cette édition avait divisé « l'état de la Chine » en deux chapitres différents (« selon ses panégyristes » et « selon ses détracteurs »). Les interventions de Diderot contribuent aussi à nuancer l'attitude de Raynal à l'égard de la Chine, ce qui est révélé par les mots de transition ajoutés au commencement ou à la fin de chaque chapitre. On lit, au début du chapitre XX de H80 :

> Arrêtons-nous sur ce peuple, si diversement jugé par les Européens. Au tableau qu'en ont tracé ses panégyristes, opposons celui qui vient de ses détracteurs. Peut-être sortira-t-il de ce contraste quelque lumière propre à rapprocher les opinions[36].

---

32   H70, t. I, livre I, p. 84.
33   H70, t. I, livre I, p. 90.
34   H70, t. I, livre I, p. 85.
35   H74, t. I, livre I, chap. 13, p. 132.
36   H80, t. I, livre I, chap. 20, p. 99.

En rajoutant, dans le paragraphe suivant, « disent ses partisans », Raynal ne se présente plus comme un sinophile, et montre ainsi clairement son objectivité. Dans le chapitre XXI, il ajoute aussi « disent-ils » dans le premier paragraphe pour éviter de prendre position.

On lit, à la fin du chapitre XX :

> Quel est l'homme assez indifférent au bonheur d'une portion considérable de l'espèce humaine, pour ne pas désirer que l'état de la Chine soit tel que nous venons de l'exposer ? Écoutons cependant ceux qui croient pouvoir en douter[37].

Et vers la fin du chapitre XXI :

> Lecteur, on vient de soumettre à vos lumières les arguments des partisans et des détracteurs de la Chine. C'est à vous de prononcer [...][38].

Avec ses mots de transition, Raynal réussit à concilier, d'une façon différente par rapport à la version de 1774, deux conceptions opposées de l'empire chinois. Bien que le rédacteur en chef de l'*HDI* retouche son texte sur l'« état de la Chine selon ses panégyristes », après avoir accepté la contribution de Diderot, cela ne signifie pas qu'il partage les points de vue du philosophe. Il se contente plutôt d'exposer ce qu'il a compilé à partir d'autres écrivains et de garder ce que Diderot avait rédigé pour son ouvrage, en attendant de nouveaux témoignages.

Comme l'affirme Gianluigi Goggi, « l'ouvrage de l'abbé vise plutôt à être le point d'équilibre, le point de rencontre des voix différentes, des voix diverses du début des Lumières[39] ». Sur l'état de la Chine, Raynal intègre dans son œuvre des témoignages différents et des interprétations diversifiées qu'il s'efforce de concilier, dans H80 comme dans H74.

L'intervention de Diderot dans les sections portant sur l'état de la Chine permet de joindre des réflexions politiques et philosophiques aux descriptions historico-géographiques de Raynal. Alors que celui-ci a consacré une grande

---

37 H80, t. I, livre I, chap. 20, p. 115.
38 H80, t. I, livre I, chap. 21, p. 128. Ce paragraphe, qui figure dans le fonds Vandeul, est attribué à Diderot, mais Yves Benot, dans son article intitulé « Diderot-Raynal : l'impossible divorce », signale que ce passage « ne fait sens que dans l'*Histoire* » et que c'était peut-être Vandeul qui s'était trompé (Yves Benot, *Les Lumières, l'esclavage, la colonisation*, éd. Roland Desné et Marcel Dorigny, Paris, Éditions La Découverte, 2005, p. 138-153).
39 Gianluigi Goggi, « La méthode de travail de Raynal dans l'*Histoire des deux Indes* », in *L'Histoire des deux Indes : réécriture et polygraphie*, éd. Hans-Jürgen Lüsebrink et Anthony Strugnell, Oxford, Voltaire Foundation, 1995, p. 356.

partie du chapitre XX à l'exposition des détails de la société chinoise, tels que les moyens de cultiver la terre, les productions agricoles, l'impôt, l'administration, etc., Diderot, indifférent aux minuties, porte son attention sur des points plus épineux.

Tandis que Raynal utilise le plus souvent la troisième personne dans sa rédaction, ce qui est dû certainement à la compilation de différentes sources sur la Chine (le *Voyage d'un philosophe* de Pierre Poivre, la *Description de la Chine* du père du Halde, et tant d'autres), dans le texte de Diderot, l'emploi régulier du sujet à la première personne (« je » et « nous ») illustre bien l'intervention du rédacteur, ainsi que la subjectivité de l'écriture. Diderot n'avait pas l'intention de calquer la structure du chapitre XX de Raynal, il ne veut pas décrire l'état de la Chine, mais y réfléchir, même s'il peut se tromper.

L'image des *conquistadores* et de l'Espagne dans l'*Histoire des deux Indes* : un double regard

María José Villaverde

Résumé

L'*Histoire des deux Indes* est marquée par la *leyenda negra* (cruautés innombrables des *conquistadores* et paysage de désolation du Nouveau Monde, ainsi qu'exaltation du modèle de colonisation français et anglo-hollandais face au modèle espagnol). Mais si celle-ci est la vision dominante, une autre approche, plus favorable à l'Espagne, explique la conquête par l'infériorité des Indiens due au climat. Dans l'édition de 1780, des changements importants sont introduits. Tandis que Diderot reste inflexible, Raynal loue le gouvernement espagnol et incorpore les données qui lui ont été fournies.

Abstract

The *Histoire des deux Indes* is marked by the *leyenda negra* that relates the countless cruelties inflicted by the *conquistadores* within the framework of the devastation of the New World, as well as extolling the French and the Anglo-Dutch colonisation model as opposed to the Spanish one. But if the former is indeed the prevailing view, another approach, more in favour of Spain, explains the Conquest by arguing for the inferiority of the Indians due to the climate. In the 1780 edition, important changes were introduced. While Diderot remains adamant, Raynal praises the Spanish government and incorporates the data provided to him .

On connaît le succès de l'*HDI*[1] dans toute l'Europe et aux États-Unis. En Espagne, deux édits de l'Inquisition de mars 1776 interdirent sa publication ; le texte, jugé impie et blasphématoire, aurait jeté l'infamie sur la nation espagnole et sur son gouvernement. Au même titre, les personnes autorisées à lire des livres interdits n'y avaient pas accès. Cependant, l'ouvrage circulait au sein des *tertulias* de Pablo de Olavide à Séville et revenait dans les œuvres de l'écrivain

---

1 Notre édition de référence est : Guillaume-Thomas Raynal, *Histoire philosophique et politique des établissemens et du commerce des Européens dans les deux Indes*, Genève, Jean-Léonard Pellet, 1780, 4 vol. (désormais H80). Nous avons modernisé l'orthographe.

Meléndez Valdés à Valladolid. Gaspar de Jovellanos l'étudia également en profondeur et Campomanes collabora, en fournissant quelques informations, à sa troisième édition.

Le duc d'Almodóvar, l'un des Espagnols les plus actifs et influents des Lumières, ancien ambassadeur de Charles III à Londres et directeur de l'Académie d'Histoire espagnole à partir de 1784, en commença la traduction en octobre 1782, sous le pseudonyme d'Eduardo Malo de Luque[2]. Son édition[3] avait pour but de purger l'œuvre des « mensonges », des « erreurs » et des « calomnies » dirigées contre l'Espagne et le catholicisme[4], qu'elle décrivait comme des « venimeux effluves[5] ». Dans un ouvrage antérieur, *Década epistolar sobre el estado de las letras en Francia*[6], publié en 1781 sous un autre pseudonyme (Francisco María de Silva), Almodóvar reconnaissait le mérite et l'importance de l'œuvre mais signalait son caractère subversif :

> Ce célèbre ouvrage est le plus séducteur, le plus dépravé, le plus curieux et le plus riche de connaissances et d'erreurs de toute espèce, le meilleur et le plus mauvais de tous ceux qui ont été écrits dans les derniers temps[7].

Almodóvar se rapportait au livre *Les trois siècles*[8], où l'auteur, l'abbé Antoine Sabatier de Castres, aurait reproché à Raynal de se « prostituer » avec « de tels excès », « de telles fables » et des « déclamations aussi irritantes que puériles

---

2 *Historia Política de los Establecimientos Ultramarinos de las Naciones Europeas*, trad. Eduardo Malo de Luque, Madrid, Antonio de Sancha, 1784, p. V-VI.
3 Selon Javier Fernández Sebastián, il s'agissait plutôt d'une adaptation : voir *Diccionario Político y Social del Mundo Iberoamericano. La era de las Revoluciones. 1750-1850*, Madrid, Centro de Estudios Políticos y Constitucionales, Iberconceptos-I, 2009 (en particulier José María Portillo, « Constitución. España », p. 377).
4 D'après Ovidio García Regueiro (« Intereses estamentales y pensamiento económico : la versión española de la *Historia* de Raynal », *Moneda y crédito*, 149, 1979, p. 85-118), Almodóvar aurait altéré considérablement l'*HDI*.
5 Selon Inmaculada Urzainqui, bien qu'il admirât l'ouvrage, le duc d'Almodóvar ne s'en écartait pas moins pour ce qui concerne la sphère religieuse et socio-politique (voir son article « Hacia una tipología de la traducción en el siglo XVIII : los horizontes del traductor », in *Traducción y adaptación cultural: España-Francia*, éd. Francisco Lafarga et María Luisa Donaire, Oviedo, Universidad de Oviedo, Servicio de Publicaciones, 1991, p. 631).
6 La *Década* se compose de 10 lettres envoyées prétendument de Paris à un correspondant imaginaire établi à Madrid. Voir, à ce propos, Francisco Lafarga, « Francia en la *Década Epistolar* del duque de Almodóvar : información, opinión e imagen », in *L'Image de la France en Espagne pendant la seconde moitié du XVIIIe siècle*, éd. Jean-René Aymes, Paris, Presses de la Sorbonne Nouvelle e Instituto de Cultura "Juan Gil-Albert", 1996, p. 215.
7 Francisco María de Silva, *Década epistolar sobre el estado de las letras en Francia*, Madrid, Antonio de Sancha, 1781, p. 109.
8 *Les trois siècles de notre littérature, ou Tableau de l'esprit de nos écrivains depuis François Ier jusqu'en 1772* (1772, 1774).

contre la religion, le gouvernement, les mœurs, la décence[9] ». Et il ajoutait que « cette monstrueuse Histoire ne pouvait être née que d'un cerveau exalté d'un philosophe archi-maniaque, têtu à mourir au milieu des accès de sa frénésie[10] ».

Avec l'autorisation de Jovellanos, les cinq premiers volumes de sa traduction de l'*HDI* parurent en 1784, l'année de la mort de Diderot, avec le titre de *Historia política de los establecimientos ultramarinos de las naciones europeas*, mais en 1790 la monarchie, alarmée par les événements de la Révolution française, interrompit l'édition.

Les ministres de Charles III prétendaient donner une image plus favorable de la conquête, de la monarchie et de l'Église ; de là l'autorisation de la traduction d'Almodovar ainsi que la réfutation de Juan Nuix y Perpiñá, un ancien jésuite catalan exilé qui avait publié en 1780 à Venise et en 1782 à Madrid des *Reflexiones imparciales sobre la humanidad de los españoles en las Indias, contra los pretendidos filósofos*.

L'image de l'Espagne au XVIIIe siècle est marquée par la *leyenda negra*, et associée aux noms de Cortés et de Pizarro, symboles de l'extermination des Indiens[11]. L'Espagne incarnait toujours le contre-modèle qu'il fallait éviter[12]. Le sentiment anti-espagnol caractérise toute une génération d'hommes des Lumières qui, sauf exception, propage aveuglément tous les clichés contre l'Espagne de Charles III, un pays qu'ils ne connaissent pas et un monarque éclairé qui mène une politique également lucide[13]. « Pauvre Espagne ! Quand sortiras-tu de ta léthargie et surmonteras-tu les préjugés qui te dégradent ! » s'exclamait Casanova qui parcourait Valence en 1769[14].

En France, les *philosophes* décrivent l'Espagne comme un pays absolutiste, ignorant[15], isolé, dépourvu d'hommes vertueux et éclairés, et gouverné

---

9   Francisco María de Silva, *Década, op. cit.*, p. 109. Nous traduisons.
10 *Ibid.*, p. 110. Nous traduisons.
11 Voir David J. Weber, *Bárbaros: Spaniards and their Savages in the Age of Enlightenment*, New Haven, London, Yale University Press, 2005.
12 Il y avait cependant des exceptions. En décembre 1758, le *Journal étranger* faisait l'éloge de l'Espagne, car, malgré son isolement, elle pouvait être fière de l'essor des sciences et des arts (création d'académies scientifiques et augmentation des lecteurs et des publications), et de figurer avec honneur dans l'Europe savante. Voir, à ce sujet, Jonathan Israel, *Democratic Enlightenment. Philosophy, Revolution, and Human Rights, 1750-1790*, Oxford, Oxford University Press, 2011, p. 377.
13 Charles III envoya des expéditions scientifiques et encouragea des réformes pour rendre le système colonial plus efficace, pour stimuler l'économie et pour établir des alliances avec les dirigeants indiens. Voir David J. Weber, *Bárbaros: Spaniards and their Savages in the Age of Enlightenment, op. cit.*, p. 5-6.
14 Giacomo Casanova, *Mémoires*. Cité par Jonathan Israel, *Democratic Enlightenment, op. cit.*, p. 377.
15 Montesquieu, *L'Esprit des lois*, éd. Robert Derathé, Paris, Classiques Garnier, 2014, t. I, livre XIX, chap. 10, p. 333-334.

par le fanatisme de l'Inquisition. Dans l'*Encyclopédie*, les articles « Espagne » et « Inquisition », écrits par Jaucourt, anticipent le ton de l'*HDI* : « L'Espagne, par le caractère de ses habitants, semble moins appartenir à l'Europe qu'à l'Afrique[16] ». Sa décadence économique, militaire et politique, avance-t-on, est le fruit du despotisme et de l'énorme pouvoir de l'Église. De ce point de vue, l'*HDI* innove peu, car elle se limite à perpétuer la rhétorique anti-espagnole (« colosse d'argile », « peuple aveugle[17] », « monarques imbéciles[18] »)

L'un des stéréotypes de l'*HDI* est l'image des *conquistadores* inhumains qui s'oppose à celle des bienveillants Indiens. Ainsi, dans le livre VI, les Indiens qui accueillent Colomb à son arrivée en Amérique sont décrits comme doux, paisibles et confiants[19]. Par contre, la représentation des *conquistadores* armés de poignards et attisant leurs chiens contre les Indiens est on ne peut plus rebutante et brutale. Elle figure dans le livre VI et se répète dans les livres VII et XI[20]. Leurs sources sont probablement les gravures de Théodore de Bry, ou bien les récits de Bartolomé de las Casas ou du chroniqueur Pedro Mártir de Anglería[21].

Dans l'*HDI*, les *conquistadores* sont généralement présentés comme des déchets humains :

> Les premiers pas des conquérants furent marqués par des ruisseaux de sang [...]. [Ils prirent] le parti d'exterminer ceux qu'ils avaient dépouillés[22].

> Il y eut une barbare émulation entre l'officier et le soldat à qui immolerait le plus de victimes[23].

Au Mexique, « les premiers pas des Castillans [...] furent sanglants[24] ». Le siège de la ville de México est décrit comme un tel carnage que les Mexicains se

---

16   H80, t. IV, livre XIX, chap. 3, p. 546.
17   H80, t. III, livre XII, chap. 14, p. 280.
18   H80, t. II, livre VIII, chap. 34, p. 336.
19   H80, t. II, livre VI, chap. 5, p. 11-12.
20   À ce propos, voir aussi, dans ce volume, l'étude de Pierino Gallo, « Le Philosophe, l'Européen et le Sauvage ».
21   Dans la *Década del Nuevo Mundo* (Década III, livre I, chap. 2, p. 213), Mártir de Anglería raconte, sans en être choqué, que Núñez de Balboa punissait la sodomie des travestis de Cuareca, en nourrissant ses chiens de leurs corps. L'*HDI* ne nomme jamais la sodomie qui, tant au XVIe qu'au XVIIIe siècle, était considérée comme un péché infâme. Voir Ricardo Piqueras, « Los perros de la guerra o "el canibalismo canino" en la Conquista », *Boletín Americanista*, n° 56, 2006, p. 193.
22   H80, t. II, livre VIII, chap. 32, p. 326.
23   H80, t. II, livre VI, chap. 12, p. 52.
24   H80, t. II, livre VI, chap. 20, p. 84.

demandaient « si les Castillans étaient un essaim de brigands ou un peuple conquérant[25] ».

La conquête du Pérou est de même traitée de massacre. À leur arrivée à la cour d'Ataliba[26], les Espagnols exterminent les femmes, les vieillards et les enfants, et ensuite ils « parcourent le Pérou avec cette soif de sang et de rapine qui dirigeait toutes leurs actions[27] ». Dans un des commentaires parsemés dans les tomes II et III de H80, on accuse les *conquistadores* de penser uniquement à « tuer, massacrer et piller[28] ». Les massacres furent suivis de rapines et de pillages, qui provoquèrent des « ravages, des cruautés qu'on ne peut exprimer [...]. La désolation fut universelle[29] ».

Les hommes de Colomb sont traités de façon ambiguë : c'étaient des « scélérats », des « malfaiteurs[30] », « des hommes de la première et de la dernière classe de la société ; des brigands qui ne respiraient que le pillage, et des esprits exaltés qui croyaient aller à la gloire. C'est pourquoi la trace de ces premiers conquérants fut marquée par tant de forfaits et par tant d'actions extraordinaires[31] ».

Cortés est cependant le seul *conquistador* dont on admet l'intelligence et le courage :

> Ses vices sont de son temps ou de sa nation, et ses vertus sont à lui [...]. Donnez-lui une autre patrie, une autre éducation, un autre esprit, d'autres mœurs, une autre religion [...] et Cortés sera un grand homme[32].

Mais tout de suite, l'éloge est accompagné de blâme : il fut également un « despote cruel » dont les succès furent « flétris par l'injustice de ses projets. C'est un assassin couvert de sang innocent[33] ».

Les autres *conquistadores* manquent de vertus. Pizarro est peint comme un homme avare et ambitieux, et Almagro comme un individu dur et cruel[34]. Tous deux sont des « brigands altiers et avides[35] ». On accuse Francisco de Carvajal

---

25   H80, t. II, livre VI, chap. 20, p. 86.
26   Ataliba ou Atabalipa est le nom hispanisé qu'utilisaient les premiers chroniqueurs pour se rapporter à Atahualpa.
27   H80, t. I, livre VII, chap. 5, p. 136.
28   H80, t. II, livre IX, chap. 11, p. 393.
29   H80, t. II, livre VII, chap. 10, p. 167.
30   H80, t. II, livre VI, chap. 7, p. 19.
31   H80, t. II, livre VI, chap. 8, p. 24-25.
32   H80, t. II, livre VI, chap. 12, p. 53.
33   H80, t. II, livre VI, chap. 12, p. 53.
34   H80, t. II, livre VII, chap. 4, p. 130.
35   H80, t. II, livre VII, chap. 7, p. 150-151.

d'avoir fait périr par des travaux excessifs plus de 20 000 Indiens[36]. Pedrarias Dávila est décrit comme un chef « jaloux et cruel », dont les subalternes « pillaient, brûlaient, massacraient de toutes parts, sans distinction d'alliés ou d'ennemis[37] ». Francisco de Bobadilla est décrit comme « le plus avide, le plus injuste, le plus féroce[38] », et Nuño de Guzmán, dont le « nom illustre ne l'empêcha pas de surpasser en férocité tous les aventuriers, qui jusqu'alors avaient inondé de sang les campagnes infortunées du Nouveau Monde », finit par établir une domination « sur des milliers de cadavres[39] ».

Parmi les *conquistadores*, seul Colomb reçoit des louanges : « âme ferme, élevée, courageuse », « hardi navigateur », « homme extraordinaire[40] ». On oublie cependant qu'il fut le premier à utiliser des chiens contre les Indiens à Jamaïque et à Hispaniola, en 1494 et 1495[41]. De même, les jésuites, dont les « travaux sont inspirés par l'humanité et dirigés par la bienfaisance[42] » sont admirés[43], probablement à l'initiative de Raynal, qui maintenait de bonnes relations avec son ancien ordre. Le prêtre Pedro de la Gasca reçoit aussi des éloges : « prudent, désintéressé, ferme, et surtout très délié[44] », ainsi que Bartolomé de las Casas, « génie ardent[45] » et « homme bienfaisant[46] », qui fut nommé « Protecteur des Indiens » par la Couronne[47].

La raison d'autant de violences est la soif de l'or, un sujet qui se répète tout le long de l'œuvre :

> Les nations qui les arrachent des entrailles de la terre [l'or et l'argent], ne croupissent-elles pas dans l'ignorance, la superstition, la paresse, l'orgueil : ces vices les plus difficiles à déraciner lorsqu'ils ont jeté de profondes racines ? N'ont-elles pas perdu leur agriculture et leurs ateliers ? Leur existence n'est-elle pas précaire ?[48]

---

36 H80, t. II, livre VII, chap. 8, p. 158.
37 H80, t. II, livre VII, chap. 3, p. 129.
38 H80, t. II, livre VI, chap. 7, p. 20.
39 H80, t. II, livre VI, chap. 19, p. 83.
40 H80, t. II, livre VI, chap. 3, p. 7 et chap. 7, p. 19.
41 Depuis, tous les *conquistadores* les ont utilisés. Voir Ricardo Piqueras, « Los perros de la guerra o "el canibalismo canino" en la Conquista », art. cit., p. 193.
42 H80, t. II, livre VI, chap. 23, p. 104.
43 H80, t. II, livre VIII, chap. 14, p. 278-279.
44 H80, t. II, livre VII, chap. 8, p. 157.
45 H80, t. II, livre VII, chap. 15, p. 178.
46 H80, t. II, livre VIII, chap. 23, p. 298.
47 H80, t. II, livre VIII, chap. 23, p. 297.
48 H80, t. IV, livre XIX, chap. 15, p. 702.

Ainsi l'or et l'argent n'ont servi que pour détruire l'agriculture et l'industrie : « L'Espagne a mieux aimé se dépeupler elle-même et faire de l'Amérique un cimetière[49] ». C'est probablement Diderot qui insiste sur cette idée dans ce beau paragraphe :

> Et vous, vous, pour avoir de l'or, vous avez franchi les mers. Pour avoir de l'or, vous avez précipité dans les entrailles de la terre ceux que vos poignards avaient épargnés. Pour avoir de l'or, vous avez introduit sur la terre le commerce infâme de l'homme et l'esclavage. Pour avoir de l'or, vous renouvelez tous les jours les mêmes crimes[50].

On est surpris par cette insistance à mettre l'accent sur les traits les plus négatifs des *conquistadores* et à omettre des vertus telles que le courage ou l'héroïsme (sauf, comme nous l'avons vu, dans le cas de Cortés) que d'autres hommes des Lumières comme Voltaire ou Marmontel n'ont aucun problème à reconnaître.

> Nous n'avons vu que des hommes qui égorgeaient des hommes ou qui les chargeaient de chaînes. Les contrées que nous avons parcourues ont été successivement autant de théâtres de la perfidie, de la férocité, de la trahison, de l'avarice et de tous les crimes auxquels ont été portés par la réunion et la violence des passions effrénées. Notre plume, sans cesse trempée dans le sang, n'a tracé que des lignes sanglantes[51].

Rarement trouve-t-on des phrases positives sans faire référence aux crimes des Espagnols :

> Si la hardiesse de tes entreprises m'en dérobe quelquefois l'atrocité [...] tes forfaits me glacent d'horreur [...] tes vertus me transportent d'admiration. Tels étaient ces fiers Espagnols qui conquirent l'Amérique[52].

Des cruautés innombrables complètent le paysage de la désolation que nous offre l'*HDI*. Diderot, qui avait déjà averti des horreurs qu'il allait présenter au lecteur, a recours à un artifice rhétorique pour accentuer encore plus l'intensité dramatique de ses paroles : « Il faut que je m'arrête ici un moment. Mes yeux se remplissent de larmes, et je ne vois plus ce que j'écris[53] ».

---

49   H80, t. IV, livre XVII, chap. 16, p. 228.
50   H80, t. II, livre VII, chap. 24, p. 201.
51   H80, t. II, livre VI, chap. 23, p. 104.
52   H80, t. II, livre VI, chap. 24, p. 112.
53   H80, t. II, livre VI, chap. 7, p. 22.

On compare les Espagnols négativement avec les Anglais, les Hollandais et les Français et on les accuse de mépriser tout ce qui ne correspond pas à leurs coutumes et de traîner leurs préjugés tout autour de l'univers[54]. Les exploits des expéditionnaires et des marins espagnols comme Cabeza de Vaca ou Elcano sont omis, tandis que les marins et les pirates étrangers comme James Cook sont traités d'« homme(s) extraordinaire(s)[55] ». L'auteur du livre x – probablement Diderot – admet sa fascination envers les corsaires anglais, hollandais et français, « hommes intrépides[56] » qui agissent sans lois et sans subordination.

Le traitement des Français est généralement déférent : « Il peut nous être permis de dire que les navigateurs Français y semèrent, durant la guerre pour la succession, quelques bons principes[57] ». Ils fondèrent des colonies exemplaires comme la Nouvelle Écosse ou Terre Neuve, « la seule qui n'a point offensé l'humanité, n'a blessé les droits d'aucun peuple[58] ». Le patriotisme des Acadiens, « exemple d'attachement à la France », reçoit de même des louanges[59].

On exalte aussi la fondation de la Nouvelle-Angleterre pour le « courage » et la « vigueur de caractère » des presbytériens anglais[60] ainsi que l'état de Pennsylvanie, bâti sur la propriété, la liberté et la tolérance. Les louanges que reçoit le modèle de colonisation anglais oublient cependant la situation des Indiens et des personnes de couleur dans les colonies anglo-américaines. Or ce n'est pas seulement un trait de l'*HDI*, mais une caractéristique de la plupart des hommes des Lumières français influencés par l'enthousiasme pro-américain. De Thomas Paine à Turgot et Diderot, les États-Unis sont devenus un référent pour les peuples qui cherchent leur émancipation, un asile contre le fanatisme et la tyrannie[61].

Il est vrai cependant que tous les pays européens reçoivent quelques critiques :

> Les Portugais, les Hollandais, les Anglais, les Français, les Danois : toutes ces nations [...] ont cherché sans remords une augmentation de fortune

---

54 H80, t. II, livre VII, chap. 31, p. 238.
55 H80, t. IV, livre XVII, chap. 8, p. 195.
56 H80, t. III, livre X, chap. 10, p. 49.
57 H80, t. II, livre VII, chap. 31, p. 239.
58 H80, t. IV, livre XVII, chap. 12, p. 205.
59 H80, t. IV, livre XVII, chap. 15, p. 223.
60 H80, t. IV, livre XVII, chap. 18, p. 230.
61 Même Condorcet, un anti-esclavagiste convaincu et membre de la Société des Amis des Noirs, parlait de l'esclavage aux États-Unis comme d'un « défaut temporel ». Voir, à ce sujet, Arsenio Ginzo Fernández, « Europa y América en el pensamiento de Condorcet », *Revista de Filosofía*, n° 45, 2003-3, p. 129.

dans les sueurs, dans le sang, dans le désespoir de ces malheureux. Quel affreux système[62] !

On reproche aux Hollandais – c'est sans doute Raynal, comme il porte beaucoup d'intérêt au commerce, qui écrit – d'avoir commis tous les crimes inimaginables pour empêcher les autres nations de cultiver les espèces, ainsi que d'avoir jeté à la mer des cargaisons entières pour éviter de les vendre à bas prix. Cependant, la Hollande est décrite comme une heureuse république d'entrepreneurs et de « bienfaiteurs de l'humanité[63] » et l'Angleterre comme une grande nation qui permet aux entrepreneurs d'obtenir des crédits à long terme, bien qu'elle soit responsable d'avoir fait périr les Acadiens[64].

Malgré ces critiques, le modèle de colonisation anglo-hollandais, fondé sur le commerce, est présenté comme très supérieur au modèle portugais-espagnol, basé sur la conquête[65]. On ignorait ainsi la politique d'extermination des Indiens que le secrétaire de la Défense américaine Henry Knox dénonçait dans une lettre au président George Washington de décembre 1794. Selon Knox, la colonisation anglo-américaine avait été plus destructive que celle espagnole[66].

Mais au XVIIIe siècle le stéréotype de l'extermination des Indiens par les Castillans était encore en vigueur, bien que la politique coloniale espagnole reposât, comme celle des autres nations coloniales, sur le commerce et les traités. L'*HDI* contribua en large mesure à la propagation de ce mythe.

L'ouvrage reprend le cliché de la fracture entre le nord et le sud[67], entre les pays ibériques, siège du despotisme, de la superstition et du fanatisme, et le nord républicain, siège de la liberté, de l'esprit scientifique et de la tolérance. Le sud est décrit comme une zone torride dont le climat invite au repos et à l'oisiveté[68]. L'*HDI* ne peut se passer de la théorie du climat, de mode à l'époque.

La thèse est esquissée par Montesquieu et reprise par Buffon dans *De la dégénération des animaux* (1766), où il attribue à l'humidité et à d'autres causes physiques le petit nombre et la taille inférieure des animaux dans le Nouveau Monde[69]. Le raisonnement fut récupéré et appliqué aux êtres humains par

---

62 H80, t. III, livre XI, chap. 24, p. 193.
63 H80, t. III, livre XII, chap. 15, p. 281.
64 H80, t. IV, livre XVII, chap. 16, p. 228.
65 H80, t. III, livre X, chap. 11, p. 55.
66 Knox to Washington, December 29, 1794, in *American State Papers: Indian Affairs*, 2 vol., Washington, Gales & Seaton, 1832-1861, t. I, p. 544. Cité par David J. Weber, *Bárbaros: Spaniards and their Savages in the Age of Enlightenment*, op. cit., p. 1.
67 Voir H80, t. III, livre XIII, chap. 8, p. 348-355.
68 H80, t. III, livre XIII, chap. 8, p. 349.
69 Phillip R. Sloan, « The Idea of Racial Degeneracy in Buffon's *Histoire Naturelle* », *Studies in Eighteenth-century Culture*, n° 3, 1973, p. 293-321.

Cornelius De Pauw dans ses *Recherches philosophiques sur les Américains* (1768), l'un des plus grands succès de l'époque. Le Hollandais décrit les Indiens du Nouveau Monde comme « une espèce humaine dégénérée », imberbe, dépourvue de l'ardeur sexuelle des Européens et possédant des organes reproducteurs plus petits[70]. Le climat expliquerait leur faible activité sexuelle et reproductive.

Or, Raynal admire De Pauw. Dans l'*HDI*, sans le nommer, il loue « cet écrivain illustre[71] » dont il reprend l'argumentation :

> La différence du climat [...] ne pouvait qu'influer beaucoup sur les hommes et les animaux. De cette diversité de causes devait naître une prodigieuse diversité d'effets. Aussi voit-on dans l'ancien continent, deux tiers plus d'espèces d'animaux que dans le nouveau ; des animaux considérablement plus gros, à égalité d'espèces, des monstres plus féroces et plus sanguinaires, à raison d'une plus grande multiplication des hommes ?[72]

Le climat explique de même l'infériorité des Indiens par rapport aux Européens. Les Indiens sont « une espèce d'hommes dégradée et dégénérée dans sa constitution physique, dans sa taille, dans son genre de vie, dans son esprit peu avancé[73] ». Cette dégradation affecte tous les Indiens, même ceux du Nord qui est habité par une « nation faible et dégradée par la nature[74] ». Un des traits de son infériorité est sa faible virilité :

> Des hommes qui n'ont guère plus de barbe que les eunuques, ne doivent pas abonder en germes reproductifs. Le sang de ces peuples est aqueux et froid. Les mâles y ont quelquefois du lait aux mamelles. De-là ce penchant tardif pour les femmes [...] cette ardeur faible et passagère [...]. Ils ont peu d'enfants, parce qu'ils n'aiment pas assez les femmes : et c'est un vice national[75].

Ainsi « parmi les causes qui contribuèrent à la conquête du Nouveau Monde, on doit compter cette fureur des femmes Américaines pour les Espagnols[76] ».

---

70 « Lâche, impuissant, sans force physique, sans vigueur, sans élévation d'esprit » (Cornélius De Pauw, *Recherches philosophiques sur les Américains, ou Mémoires intéressants pour servir à l'histoire de l'espèce humaine*, Berlin, chez Georges Jacques Decker, Imp. du Roi, 1768, p. 10).
71 H80, t. IV, livre XV, chap. 4, p. 20.
72 H80, t. IV, livre XVII, chap. 3, p. 173.
73 H80, t. IV, livre XVII, chap. 3, p. 175.
74 H80, t. IV, livre XVII, chap. 6, p. 186.
75 H80, t. IV, livre XV, chap. 4, p. 20-21.
76 H80, t. II, livre VI, chap. 8, p. 26.

Elles leur servirent de guides, leur fournirent de la nourriture et leur dévoilèrent des conspirations. Lorsque Cortés arriva à Tabasco (Mexique), vingt femmes le suivirent « avec joie[77] » :

> L'arrivée des Européens fit luire un nouveau jour aux yeux des femmes Américaines. On les vit se précipiter sans répugnance dans les bras de ces lubriques étrangers qui s'étaient fait des cœurs de tigres, et dont les mains avares dégouttaient de sang[78].

L'*HDI* impute à l'impuissance sexuelle des Indiens cette ardeur des femmes :

> [...] des femmes jusqu'alors trop négligées, foulant audacieusement les cadavres de leurs enfants et de leurs époux massacrés, allaient chercher leurs exterminateurs jusque dans leur propre camp, pour leur faire partager les transports de l'ardeur qui les dévorait[79].

Mais ce n'étaient pas seulement les Mexicaines qui souffraient de l'impuissance de leurs maris ; les Indiens de l'Orinoco n'avaient recours aux « plaisirs de l'amour » que pour veiller à la perpétuité de l'espèce[80]. Et les Guaranis ne pouvaient « former des familles nombreuses ni des générations de quelque durée » étant donné « la masse du sang, altérée par l'air et les aliments[81] ». Au Nicaragua les hommes étaient « les plus efféminés de la Nouvelle-Espagne[82] ». L'auteur de ces paragraphes semble justifier le désir des femmes indiennes envers les Espagnols, étant donné « cette débauche honteuse [...] cette dépravation [due] à la faiblesse physique » dont la cause est « la chaleur du climat » et « le mépris pour un sexe faible[83] ».

Les Mexicains sont décrits non seulement comme des êtres impuissants, mais aussi comme un peuple vivant sous l'emprise de « superstitions barbares », de prêtres monstrueux[84] et de sacrifices humains. Les prêtres – affirme-t-on – choisissaient tous les ans un esclave qu'ils égorgeaient dans une cérémonie, mais ils immolaient aussi des prisonniers de guerre qu'ils

---

77 H80, t. II, livre VI, chap. 8, p. 25.
78 H80, t. II, livre VI, chap. 8, p. 25.
79 H80, t. II, livre VI, chap. 8, p. 25-26.
80 H80, t. II, livre VII, chap. 17, p. 181.
81 H80, t. II, livre VIII, chap. 15, p. 284.
82 H80, t. II, livre VI, chap. 24, p. 108.
83 H80, t. II, livre VI, chap. 8, p. 25.
84 H80, t. II, livre VI, chap. 10, p. 34.

mangeaient et dont ils « envoyaient des morceaux à l'empereur et aux principaux seigneurs de l'empire[85] ».

Mexico apparaît comme une « ville superbe » bâtie d'édifices de marbre et de jaspe, mais dont les temples magnifiques étaient « teints du sang et tapissés des têtes des malheureux qu'on avait sacrifiés[86] ». Cette « religion atroce et terrible » rendait « les hommes inhumains[87] ». De là une certaine justification de la conquête espagnole (« on ne peut faire un crime aux Espagnols d'avoir été révoltés de ces absurdes barbaries »), qui se double cependant d'un blâme (« [il] ne fallait pas les détruire par de plus grandes cruautés[88] »). Ces peuples subissaient « le double joug du despotisme et de la superstition[89] » et étaient oisifs, faibles et arriérés tant dans les sciences que dans les arts. Combien de siècles devront s'écrouler avant qu'ils puissent se cultiver[90] ?

Raynal ne nuancera la thèse de la dégénération du continent américain que lorsque Benjamin Franklin attirera son attention sur le préjudice qu'il provoque à la cause américaine[91]. Quand Franklin arrive à Paris en 1776, De Pauw vient de publier dans le *Supplément de l'Encyclopédie* l'entrée « Amérique », un texte dévastateur. L'année suivante, William Robertson publie son *Histoire d'Amérique*, où il décrit l'Indien comme un animal mélancolique doué d'une petite tranche d'idées. En 1780, lors de la troisième édition de l'*HDI*, Raynal a toujours recours aux arguments de De Pauw, mais il nuance et modifie des paragraphes[92].

Le livre VI nous présente une image beaucoup plus positive des Mexicains, sortie probablement de la plume de Diderot. Bien qu'ils soient vaincus par Cortés, les Mexicains montrent un courage admirable[93]. Selon l'auteur, l'influence du climat n'est pas déterminante car « la vie policée de la société

---

85   H80, t. II, livre VI, chap. 10, p. 35.
86   H80, t. II, livre VI, chap. 12, p. 42.
87   H80, t. II, livre VI, chap. 10, p. 35.
88   H80, t. II, livre VI, chap. 10, p. 35.
89   H80, t. II, livre VI, chap. 11, p. 38.
90   H80, t. II, livre VI, chap. 12, p. 48-49 et chap. 22, p. 97.
91   Selon Franklin, « Les Américains n'ont pas moins de force, de courage, d'esprit que les Européens » (*The Papers of Benjamin Franklin*, v. 38. Cité par Augustín Mackinlay, *El best-seller que cambió el mundo. Globalización, colonialismo y poder en el Siglo de las Luces*, p. 89 – https://sites.google.com/a/stomain.faith/fosterdenny/el-best-seller-que-cambio-el-mundo-globalizacion-colonialismo-y-poder-en-el-siglo-de-las-luces-B0064BYHUI).
92   Par exemple on peut lire, quant à la faune et à la flore du Chili, qu'aucun des fruits européens n'a dégénéré et que certains animaux comme les chevaux se sont perfectionnés. Les Créoles également s'en sortent bien.
93   H80, t. II, livre VI, chap. 10, p. 35.

renverse ou change entièrement l'ordre et les lois de la nature[94] ». Diderot imprime ainsi un tournant radical aux thèses de l'abbé. Il n'attribue pas l'abrutissement des Indiens au climat mais à des causes politiques, à la tyrannie qu'ils ont subie et qui les a fait tomber dans « une indifférence stupide et universelle[95] ». De ce fait il laisse la porte ouverte à l'espérance car, quand les colonies parviendront au niveau de culture, de lumières et de population nécessaire, elles deviendront indépendantes et seront libérées de l'ignorance.

Ainsi, étant donné les différences idéologiques entre Diderot et Raynal, on trouve dans l'*HDI* deux images différentes des Indiens et de la conquête espagnole. La plus fréquente – à notre sens celle de Diderot – peint de bons sauvages exterminés par des *conquistadores* impitoyables dont la nation est soumise à la décadence, à l'absolutisme et au pouvoir de l'Église. Néanmoins, semble suggérer le philosophe, les problèmes qui affectent l'Espagne et l'Amérique espagnole, étant d'ordre politique et social, peuvent se résoudre.

La vision de Raynal, plus rare, présente la conquête comme le fruit de l'infériorité et de la barbarie des Indiens, et la colonisation espagnole comme une opération pacifique. Par exemple, au livre VIII[96], on se rapporte aux négociations amicales entre le gouverneur espagnol du Chili et un général indien, ainsi qu'aux liens commerciaux entre le Chili et ses voisins indiens. Et au livre VI, l'auteur fait référence au système espagnol des *encomiendas* héréditaires du Mexique, dont « l'oppression [était] moindre que dans le reste de l'empire[97] ».

Ces deux approches se chevauchent dans l'œuvre mais l'approche réformiste et modérée de Raynal passe presque inaperçue. L'abbé, il ne faut pas l'oublier, avait collaboré avec le gouvernement français et ses intérêts étaient essentiellement économiques. Il défendait la colonisation et ce qui l'inquiétait était la rentabilité des colonies (qu'il n'y eût pas de coûts en argent ni en vies et qu'elles fussent bien organisées[98]). De même, il acceptait l'esclavage de façon plus ou moins voilée parce que la main d'œuvre noire était beaucoup

---

94   H80, t. II, livre VI, chap. 23, p. 100.
95   H80, t. II, livre VII, chap. 27, p. 208.
96   H80, t. II, livre VIII, chap. 6, p. 259.
97   H80, t. II, livre VI, chap. 14, p. 66.
98   Voir le chap. 11 intitulé « Avant de jeter des capitaux dans la Guyane, il convient d'examiner si la colonie est bien organisée ; il en faut régler les limites » (H80, t. III, livre XIII, chap. 11, p. 361-363) ; le chapitre 9 du livre XVI (H80, t. IV, p. 107-115) qui traite de la manière dont « La France pouvait retirer de grands avantages de la Louisiane. Fautes qui ont empêché ce succès », et le chapitre 17 du livre XVI (H80, t. IV, p. 137-142), intitulé : « Avantages que la France pouvait tirer du Canada. Fautes qui l'en privèrent ». Sur les principes d'organisation des colonies, voir H80, t. III, livre XIII, chap. 1, p. 331-333.

plus productive que celle indienne[99]. La dure condamnation de l'esclavage de Diderot[100] était précédée d'un chapitre intitulé « Comment on pourrait rendre l'état des esclaves plus supportable », où Raynal se limitait à proposer des réformes (un logement et des habits dignes, de la nourriture convenable), car « pour rendre l'esclavage utile, il faut du moins le rendre doux [...], il est de l'intérêt du maître, que l'esclave aime à vivre[101] ». En aucun cas il n'appelait à l'abolition de l'esclavage ni à la rébellion contre la métropole.

Diderot, par contre, n'était pas intéressé par la rentabilité des colonies mais par leur légitimité[102]. C'est pourquoi il répond négativement à la question sur l'utilité de la découverte de l'Amérique pour l'humanité :

> Cette soif insatiable de l'or a donné naissance au plus infâme, au plus atroce de tous les commerces, celui des esclaves. On parle des crimes contre nature, et l'on ne cite pas celui-là comme le plus exécrable. La plupart des nations d'Europe s'en sont souillées [...][103].

De même, dans le chapitre intitulé « Origines et progrès de l'esclavage. Arguments imaginés pour le justifier. Réponse à ces arguments », il se montre inflexible sur cette question : « Il n'est point de raison d'état qui puisse autoriser l'esclavage[104] ». De ce fait il affirme qu'il « ne s'avilira pas jusqu'à grossir la liste ignominieuse de ces écrivains qui consacrent leurs talents à justifier par la politique ce que réprouve la morale[105] ».

La vision de la conquête espagnole des Indes comme synonyme d'esclavage, de massacre et de dévastation, ainsi que l'impitoyable image des *conquistadores* et la critique contre la monarchie et l'Église espagnole en tant que responsables moraux, n'occupaient pas des paragraphes isolés mais des passages fondamentaux de l'*HDI*. Tant le traducteur espagnol de l'œuvre, le duc d'Almodóvar, qu'Ignacio de Luzán, qui avait été le secrétaire de l'ambassade espagnole à Paris de 1747 à 1750, affirmaient que de nombreuses attaques contre l'Espagne étaient injustifiées et demandaient qu'on y répondît[106]. On reprochait à Raynal de n'avoir pas fait un seul voyage en Amérique et d'oser

---

99 H80, t. III, livre XI, chap. 23, p. 185-186 ; H80, t. III, livre XI, chap. 1, p. 92.
100 H80, t. III, livre XI, chap. 24, p. 186-205.
101 H80, t. III, livre XI, chap. 23, p. 181-182.
102 Si la contrée « est toute peuplée, je ne puis légitimement prétendre qu'à l'hospitalité » (H80, t. II, livre VIII, chap. 1, p. 250).
103 H80, t. IV, livre XIX, chap. 15, p. 704.
104 H80, t. III, livre XI, chap. 24, p. 186.
105 H80, t. III, livre XI, chap. 24, p. 186.
106 Jonathan Israel, *Democratic Enlightenment, op. cit.*, p. 408.

parler en historien d'un monde qu'il ne connaissait que par ouï-dire[107], et de ne pas vérifier les données que ses informateurs lui fournissaient.

Dans la troisième édition de l'*HDI*, Raynal nuança la critique contre l'Espagne suite aux plaintes de l'ambassadeur espagnol à Paris, le conte d'Aranda, ami des *philosophes*. Ignacio de Heredia, secrétaire de l'ambassade à l'époque, fréquentait depuis 1773 les mêmes salons que Raynal et s'était lié d'amitié avec lui. Dans une lettre de 1776 à Campomanes, Procureur du Conseil de Castille, Heredia l'informait de sa relation avec l'abbé :

> Depuis un certain temps j'ai renforcé les liens avec l'Abbé Rainald [*sic*], avec qui j'ai eu auparavant quelques débats, dans le peu d'occasions où nous nous croisions, sur l'injustice dont il nous avait traités dans son Histoire des Indes et les suppositions auxquelles il était arrivé. Il se défendait toujours en prétextant que nous revêtions tout de mystère et que nous ne voulions pas informer de nos affaires ; et qu'il était prêt à se rétracter dans tout ce qu'on lui montra qu'il s'était trompé[108].

La correspondance entre Heredia et Campomanes, qui figure dans les archives du Procureur du Conseil de Castille, montre la bonne volonté de Raynal d'analyser les sources primaires pour corriger les erreurs. En mars 1777, Heredia écrivait à Campomanes qu'il était en train de lire avec Raynal les passages relatifs à l'Espagne pour une nouvelle édition de l'*HDI*, et que l'abbé lui avait remis un questionnaire sur les colonies espagnoles[109]. Raynal avait beaucoup d'informations sur la Guadeloupe et la Martinique, fournies par ses cousins commerçants

---

107 D'après Turgot, l'auteur de l'*HDI* n'avait « aucune idée claire » ; selon Adam Smith, il était « parfois » bien informé. Voir Augustín Mackinlay, *El best-seller que cambió el mundo*, *op. cit.*, p. 24.

108 Cité dans Augustín Mackinlay, *El best-seller que cambió el mundo*, *op. cit.*, p. 21. Nous traduisons.

109 « Note de ce que veut savoir l'Abbé Raynal :
1º Tout d'abord, une brève description géographique et physique des îles de la Trinité, de la Marguerite, de S. Domingue, de Porto-Rico, de Cuba. Ainsi que de Caracas, de Cumana, de l'Orinoco ; et si c'est possible de la côte qui s'étend de Portovelo jusqu'à Caracas.
2º Le nombre de blancs, de mulâtres, de noirs libres, d'esclaves et d'Indiens habitant chaque localité.
3º Les cultures établies dans chacune d'elles.
4º La quantité de chaque produit que chaque établissement envoie chaque année en Espagne, et dans quel nombre de bateaux.
Heredia était lui-même conscient de la difficulté de fournir une telle information : « Je lui ai dit que ce serait probablement impossible, et que je me doutais que personne en Espagne ait de tels détails ; de fait, il se contentera de ce qu'on pourra fournir » » (*ibid.*, p. 22 ; nous traduisons).

aux Antilles françaises ainsi que par ses contacts avec les ministères français, mais peu d'informations sur Puerto Rico et Cuba. Campomanes remplit le questionnaire qu'Heredia fit parvenir à Raynal, avec ses propres annotations sur l'*Estado de la Havana* du marquis de la Torre et le *Discurso sobre la educación popular de los artesanos y su fomento* de Campomanes lui-même, rempli d'informations sur le commerce de l'Espagne avec ses colonies de l'Amérique.

H80 incorporait une partie de ces données, en particulier aux chapitres 19 à 32 du livre XIII. Contrairement aux invectives de Diderot, Raynal semblait vouloir se réconcilier avec l'Espagne. Dans le chapitre intitulé « L'Espagne commence à sortir de sa léthargie », on lit : « Il nous est doux de pouvoir penser, de pouvoir écrire que la condition de l'Espagne devient tous les jours meilleure[110] ». Il louait les efforts du gouvernement de Charles III pour ranimer l'économie, le commerce, la marine ainsi que pour améliorer l'administration et le sort des Indiens[111] :

> Enfin, après deux siècles d'un sommeil profond [...] les mers, qui séparent les deux mondes, se couvriront d'hommes robustes, actifs, intelligents, qui deviendront les défenseurs des droits de leur patrie[112].

Il prédisait que si le gouvernement continuait dans cette voie, il mettrait fin à l'ignorance, aux préjugés et à la superstition. Il louait plusieurs ministres innovateurs, dont Alberoni (« hardi et entreprenant ») qui avait encouragé l'indépendance commerciale des colonies et le commerce entre le Mexique et l'Asie[113] ; le marquis de la Ensenada (« hardi et habile ») ; José de Campillo[114] et Monsieur Campo Manès (*sic*) qui avait favorisé l'ouverture des échanges avec Puerto Rico et la suppression du monopole de Cadiz. Cette plus grande liberté avait permis à l'Espagne de tripler la collecte des impôts aussi bien à Cuba qu'à Puerto Rico, et avait créé les conditions pour « une prospérité sans limites » dans les colonies espagnoles. Ainsi, les monarques espagnols seraient en mesure de réparer les crimes de leurs prédécesseurs[115].

Mais si Raynal semble prêt à nuancer ses critiques dans la troisième édition de l'*HDI*, Diderot, de son côté, durcit ses positions, probablement bouleversé par l'affaire Olavide (affaire qui devint une cause célèbre à la fin du XVIIIe siècle). L'autodafé de Pablo de Olavide eut lieu lorsque toute l'Europe songeait

---

110   H80, t. II, livre VIII, chap. 33, p. 330.
111   H80, t. II, livre VIII, chap. 33, p. 330 et suiv.
112   H80, t. II, livre VIII, chap. 35, p. 356.
113   H80, t. II, livre VI, chap. 23, p. 106.
114   H80, t. II, livre VI, chap. 34, p. 347.
115   H80, t. II, livre VIII, chap. 35, p. 356.

à la fin de l'Inquisition espagnole[116]. En novembre 1778, le politicien espagnol, après deux ans de confinement et d'interrogatoires, fut obligé de reconnaître 140 erreurs, hérésies et offenses contre l'Église, et fut condamné à 8 ans d'isolement dans un couvent, à la confiscation de ses biens, et à l'exil de Madrid, de Lima et de Séville.

Un ami d'Olavide, Miguel Gijón, qui était arrivé à Paris vers la fin de l'année 1777, en informa Marmontel, Voltaire, d'Alembert et Diderot. Grimm publia la nouvelle dans sa *Correspondance littéraire* en janvier 1778. Diderot, mis au courant non seulement par Gijón mais aussi par Eugenio de Izquierdo, un fonctionnaire de l'ambassade espagnole, réclama dans l'*HDI* l'abolition des autodafés[117]. Il se peut que l'ambassade lui reprochât ses invectives, car au chapitre 12 du livre VI il écrit :

> Pourquoi donc êtes-vous les seuls que j'ai offensés ? C'est qu'il ne vous reste que de l'orgueil. Devenez puissants, vous deviendrez moins ombrageux ; et la vérité, qui vous fera rougir, cessera de vous irriter[118].

En outre, dans le paragraphe précédent, il s'en justifiait ainsi :

> Ici, j'en atteste le ciel, je ne me suis occupé qu'à vous laver du sang dont vous paraissez glorieux d'être couverts ; et partout ailleurs où j'ai parlé de vous, que des moyens de rendre à votre nation sa première splendeur et d'adoucir le sort des peuples malheureux qui vous sont soumis. Si vous me découvrez quelque haine secrète ou quelque vue d'intérêt, je m'abandonne à votre mépris. Ai-je traité les autres dévastateurs du Nouveau Monde, les Français même mes compatriotes, avec plus de ménagement ?[119]

L'*HDI* impulsa la *leyenda negra* ainsi que les guerres d'indépendance de l'Amérique espagnole. Le jésuite péruvien Juan Pablo Vizcardo y Guzmán exhortera les Créoles à obtenir leur indépendance dans sa « Lettre aux Espagnols Américains », et Mariano Moreno, le dirigeant Argentin, fondera son programme et sa politique sur les enseignements de Raynal. De même, Simón Bolívar utilisera des paragraphes entiers de l'*HDI* dans sa « Lettre de Jamaïque » (1815), où il encourage ses lecteurs à prendre les armes contre les Espagnols :

---

116   Jonathan Israel, *Democratic Enlightenment, op. cit.*, p. 392-393.
117   H80, t. II, livre VIII, chap. 34, p. 336-337.
118   H80, t. II, livre VI, chap. 12, p. 51-52.
119   H80, t. II, livre VI, chap. 12, p. 51.

Ils disent déjà avec Raynal : le temps est venu finalement de rendre aux Espagnols les supplices qu'ils nous ont infligés et de noyer dans leur sang ou dans la mer cette race d'exterminateurs[120].

Mais, en tant qu'ouvrage écrit en grande partie par deux auteurs ayant des conceptions idéologiques opposées, l'*HDI* reste, même à ce sujet, un texte polyphonique ; il est en effet également possible de relever dans ses pages des morceaux favorables à l'Espagne et à la colonisation espagnole.

---

120 http://www.cpihts.com/PDF/Simon%20Bolivar.pdf. Nous traduisons.

« Traduire » l'oralité – appel au pouvoir, dialogicité et prises de parole non-européennes dans l'*Histoire des deux Indes*

Hans-Jürgen Lüsebrink

Résumé

Cette contribution vise à analyser les formes de « traduction » (au sens large du terme) de l'oralité dans l'*Histoire des deux Indes* en se focalisant sur trois dispositifs rhétoriques qui mettent en relief la complexité discursive de l'ouvrage : d'abord l'appel au pouvoir, analysé à travers l'apostrophe adressée au Roi Louis XVI ; puis le dialogue avec l'Autre, prenant une dimension politique et coloniale dans l'ouvrage de Raynal ; et, enfin, la prise de parole de voix indigènes, étudiée notamment à travers la présence de voix amérindiennes du Canada.

Abstract

This contribution aims to analyse the forms of « translation » (in the broadest sense of the term) of oral communication in the *Histoire des deux Indes* by focusing on three rhetorical devices that highlight the discursive complexity of the work: firstly, the « appeal to government », analysed through the apostrophe addressed to King Louis XVI; secondly, the dialogue with the Other, taking on a political and colonial dimension in Raynal's work; and, finally, the verbal interventions of indigenous people, studied in particular through the presence of Canadian Amerindian voices.

L'*Histoire des établissemens et du commerce des Européens dans les deux Indes* dirigée (et largement écrite aussi) par Guillaume-Thomas Raynal représente la première histoire encyclopédique de l'expansion européenne outre-mer. Avec d'abord six volumes (1770), puis sept volumes (1774) et enfin dix volumes dans sa troisième édition en format in-octavo (1780), elle retrace, à travers une vaste narration historiographique, la « découverte » et la colonisation des mondes non-européens par les différentes puissances coloniales européennes depuis le XVe siècle. Cette narration historiographique est, dans son ensemble et malgré de nombreuses digressions, régie par une double logique diachronique et géographique. Elle débute avec les premières « découvertes » et les premiers établissements coloniaux portugais au début du XVe siècle, nés dans le sillage des voyages d'exploration portugais commencés à partir des premières décennies du XVe siècle le long des côtes africaines, pour déboucher, dans les derniers volumes, sur les colonies européennes en Amérique du Nord et le mouvement d'indépendance des colonies britanniques qui ouvre une perspective vers les mouvements anticolonialistes. Cette narration est en grande partie conduite par un narrateur effacé qui se contente de décrire, de retracer et d'inventorier, sans donner plus d'étoffe à son rôle.

Ce rôle de narrateur effacé contraste de manière forte avec de nombreux passages, souvent rédigés par Diderot, qui commentent et jugent les événements racontés par la voix « neutre » de l'historien et que l'on pourrait considérer comme la partie proprement philosophique de l'ouvrage annoncée dès son titre. La « voix philosophique » de l'*HDI* s'énonce à travers des registres et des genres textuels assez divers[1]. On doit mentionner d'abord des anecdotes commentées, comme celle d'Eliza Draper (tirée de l'œuvre de Laurence Sterne[2]) ou celle de Polly Baker, insérée par Diderot qui l'avait reprise à Benjamin Franklin pour la publier, sous une forme remaniée, aussi bien dans l'ouvrage de Raynal que dans son propre *Supplément au Voyage de Bougainville* (1772). Ces anecdotes, généralement liées au contexte géographique et historique dans lequel elles sont situées dans l'*HDI*, représentent des *exempla* servant de support à une réflexion et une critique philosophiques, comme par exemple la mise en cause des préjugés sociaux à l'égard des mères célibataires qui constitue le sujet de réflexion dans l'histoire de Polly Baker.

Ensuite, l'*HDI* est parsemée de commentaires provenant de la « voix philosophique » qui prolongent le discours historiographique vers une dimension réflexive et critique, sans avoir recours à des récits ou à des anecdotes. L'historien des deux Indes se transforme ici en commentateur passionné qui prend délibérément position, exprime ses sentiments, juge et condamne. Il se présente à la fois comme un sage détaché du monde afin de pouvoir mieux saisir son histoire, dans son état présent et son évolution future, et comme un orateur qui s'adresse tour à tour aux Grands de ce monde et aux peuples du

---

1 Voir aussi, sur les « genres textuels » dans l'*HDI*, Damien Tricoire, « Raynals *Geschichte beider Indien*. Gattungstheoretische und ideenhistorische Überlegungen », in *Sattelzeit. Historiographiegeschichtliche Revisionen*, éd. Élisabeth Décultot et Daniel Fulda, Berlin/Boston, De Gruyter, 2016, p. 159-177.
2 Anthony Strugnell, « À la recherche d'Eliza Draper », in *Raynal, de la polémique à l'histoire*, éd. Gilles Bancarel et Gianluigi Goggi, Oxford, Voltaire Foundation, 2000, p. 173-186. Voir aussi Guillaume-Thomas Raynal, « Éloge d'Eliza Draper », in Laurence Sterne, *Eliza ou quatre-vingt-quinze variations sur un thème sentimental suivi de l'Éloge d'Eliza Draper par l'abbé Raynal*, Paris, José Corti, 1987.

globe. Michel Delon a comparé cette « double attitude de dégagement pour atteindre à la vérité et à l'universalité, puis d'engagement pour défendre ce qui est juste[3] » aux postures de la figure du philosophe dans le *Système de la Nature*, ouvrage collectif attribué au Baron d'Holbach et représentant, à côté de l'*HDI*, une autre somme du « radicalisme des Lumières[4] » pré-révolutionnaires. Dans l'*HDI* le philosophe s'attribue ainsi successivement les rôles discursifs de l'observateur empathique, du conseiller des peuples, et notamment des peuples et nations opprimés, et celui des Princes qu'il met en garde contre les menaces de bouleversements qui risqueraient de secouer l'ordre politique et social si des mesures drastiques n'étaient pas prises. Avec la pratique de la harangue fictive, Raynal et ses collaborateurs ont recours à une tradition rhétorique, présente notamment dans le *Dictionnaire historique et critique* (1697) de Pierre Bayle[5], mais qui revêt dans l'*HDI* des formes et des tonalités perçues comme radicales et inédites par les contemporains. La longue apostrophe à Louis XVI, écrite par Diderot et insérée dans le livre IV de l'ouvrage de Raynal, a surpris ainsi les critiques de l'époque, non seulement par le tutoiement du Roi mais aussi par la série de demandes qu'elle formule à son égard. Tout en faisant l'éloge du Roi, en invoquant sa sensibilité, son patriotisme et sa compassion pour ses sujets, l'apostrophe à Louis XVI enchaîne d'une part des actes de langage formulés sans précautions de politesse, tels que « Fixe tes regards », « Abaisse-les ensuite », « Sois ferme » et « Demande-toi »[6]. D'autre part, le narrateur incite le Roi à réévaluer, face aux problèmes sociaux et financiers du royaume, la nécessité par exemple de « garder cette multitude d'officiers grands et subalternes qui te dévorent », d'« éterniser le dispendieux entretien de tant de châteaux inutiles et les énormes salaires de ceux qui les gouvernent » ou encore de « dissiper en fêtes dispendieuses la subsistance de ton peuple »[7]. En l'incitant à ne pas écouter les courtisans flatteurs, le narrateur-philosophe finit par demander à Louis XVI de rassembler les « états de la nation », de retourner à la « liberté

---

3 Michel Delon, « L'appel au lecteur dans l'*Histoire des deux Indes* », in *Lectures de Raynal : l'Histoire des deux Indes en Europe et en Amérique au XVIIIe siècle*, éd. Hans-Jürgen Lüsebrink et Manfred Tietz, Oxford, Voltaire Foundation, 2014 [1991], p. 55.
4 *Ibid.*
5 Voir sur ce sujet Isabella von Treskow, « Der Zorn des Andersdenkenden. Pierre Bayle, das "Historisch-Kritische Wörterbuch" und die Entstehung der Kritik », in *Denkwelten um 1700. Zehn intellektuelle Profile*, éd. Richard van Dülmen et Sina Rauschenbach, Köln/Weimar/Wien, Böhlau, 2002, p. 1-21, ici p. 19-21.
6 Guillaume-Thomas Raynal, *Histoire philosophique et politique des établissemens et du commerce des Européens dans les deux Indes*, Genève, Jean-Léonard Pellet, 1780 (dorénavant H80), t. I, livre IV, chap. 18, p. 464-475, ici p. 472, 475 et 473.
7 H80, t. I, livre IV, chap. 18, p. 473 et 474.

primitive » et de rétablir la « justice naturelle »[8]. Le narrateur de l'*HDI* transgresse et reconfigure ici les conventions de la rhétorique classique en effaçant les frontières, au sein de l'éloquence politique, entre des formes rhétoriques propres aux Républiques, d'une part, et aux gouvernements monarchiques, d'autre part. Il inverse, au moins dans quelques passages clés de l'*HDI* comme l'Adresse au Roi Louis XVI, les rôles discursifs : à la place des « Déclarations que les Souverains répandent en certaines occasions dans le public[9] », on voit ici un sujet s'adresser, avec toute une série de conseils, mais aussi de demandes précises, au monarque ; et au lieu de confiner les « délibérations sur les matières de l'État » au « cabinet des Princes » et leurs « mystères »[10], le philosophe-narrateur de l'ouvrage de Raynal se propose de les étaler au grand jour et d'en faire un enjeu public de discussion et de délibération.

Même si elles ne s'adressent que rarement aux Princes et aux Rois[11], ces harangues sont fréquentes dans l'*HDI*. Elles constituent un élément central du « catéchisme politique » que représentent des extraits de l'ouvrage sous forme d'« abrégés » ou d'« analyses raisonnées » qui donnaient une diffusion bien au-delà de celle de l'œuvre dans la totalité de ses respectivement six, sept ou dix volumes[12]. Ces apostrophes du narrateur s'adressent tour à tour aux « Européens », aux « Nations de l'Europe », voire aux « Barbares Européens » et au « plus cruel des Européens », aux « conquistadors », aux « Monarques espagnols », aux « concitoyens » ou encore aux « Peuples », aux « Peuples civilisés » et aux « Nations » du globe, mais aussi aux victimes de l'expansion coloniale européenne, comme les Hottentots, les Bengalais et les esclaves noirs des plantations des Antilles, ainsi qu'aux subalternes de la société féodale, comme les « malheureux laboureurs ». Prenant la défense des Amérindiens du Canada, le narrateur s'adresse ainsi aux colons et aux missionnaires, en adoptant, une fois de plus, un ton à la fois ferme et pathétique :

> Voilà, gens de foi, gens de loi, fanatiques ou politiques, hommes fourbes et féroces par état ou par caractère ; voilà comme vous vous mentez à vous-mêmes, contre la nature qui vous accuse, contre la terre qui vous

---

8   H80, t. I, livre IV, chap. 18, p. 475.
9   Edme-François Mallet, *Principes pour la lecture des orateurs*, Paris, Durand, Pissot, 1753, t. I, p. 149 (« De l'éloquence politique »).
10 *Ibid.*, t. I, p. 148.
11 Il faut notamment mentionner, à côté de l'apostrophe à Louis XVI, celle adressée au Roi de Prusse Frédéric II (H80, t. I, livre V, chap. 10, p. 591-596).
12 Voir sur ce sujet Hans-Jürgen Lüsebrink, « L'*Histoire des Deux Indes* et ses "Extraits" : un mode de dispersion textuelle au XVIIIe siècle », *Littérature*, n° 69 (« Intertextualité et Révolution », éd. Michel Delon), 1988, p. 28-41.

confond, contre le Dieu même que vous invoquez pour témoin des impostures, pour garant de vos injustices ! Prophètes à venir, tyrans de nos neveux, puissent ces lignes, que la vérité inspire à l'écrivain qui vous parle d'avance, durer assez longtemps pour vous démentir ![13]

Ces harangues et apostrophes ont parfois été jugées par les critiques de Raynal, en France et surtout à l'étranger, comme non conformes, voire contraires, au rôle de l'historien et aux exigences d'impartialité qu'il devrait défendre[14]. Elles représentent néanmoins un élément majeur pour l'immense succès éditorial et l'impact social et politique considérable de l'ouvrage de Raynal. Elles constituent, en effet, l'un des lieux privilégiés de la réflexion philosophique et des positionnements politiques qui y sont liés dans l'*HDI*. Elles peuvent aussi être considérées comme des simulations fictionnelles de la « résurgence d'une parole publique[15] » entravée ou devenue impossible dans l'espace public de la société française de l'Ancien Régime. Les harangues et apostrophes adressées à une multitude de destinataires, des hommes puissants jusqu'aux victimes de l'oppression la plus atroce, impliquent autant de situations de communication où le narrateur-philosophe prend publiquement la parole. Par certains côtés, ces configurations rhétoriques et communicationnelles anticipent des tribunes oratoires et des interactions communicatives désirées que les révolutionnaires de 1789 allaient réaliser, tout au moins en partie, en se référant aussi à l'*HDI* de Raynal comme modèle rhétorique et discursif.

Le passage sur les Hottentots dans le chap. 18 du second livre de l'*HDI*, intitulé « Établissement des Hollandais au cap de Bonne-Espérance », reflète l'étroite imbrication entre les différents registres discursifs qui caractérisent l'ouvrage de Raynal. Rédigé en partie par Diderot, et s'étendant sur une longueur de cinq pages[16], le passage sur ce peuple vivant dans l'extrême sud du continent africain, est divisé en quatre parties assez différentes, tant par leur style que par leur contenu. Il débute avec une description ethnographique succincte des Hottentots qui est basée sur l'*Histoire générale des voyages* de

---

13   H80, t. IV, livre XV, chap. 4, p. 38. Ce passage est de la plume de Diderot.
14   Voir Hervé Guénot, « La réception de l'*Histoire des deux Indes* dans la presse d'expression française (1772-1781) », in *Lectures de Raynal, op. cit.*, p. 67-84 ; et sur la discussion controversée autour de l'usage de formes rhétoriques comme les harangues par les historiens l'article « Harangue (*Belles-Lettres*) », par Edme-François Mallet, in *Encyclopédie ou Dictionnaire raisonné des sciences, des Arts et des métiers, par une Société de Gens de Lettres*, éd. Denis Diderot et Jean Le Rond d'Alembert, Paris, Briasson, David, Le Breton et Durand, 1751-1772, t. VIII, p. 41a.
15   Michel Delon, « L'appel au lecteur », art. cit., p. 63.
16   Le passage sur les Hottentots occupe dans H80 (t. I), les pages 201-206 du chapitre 18 du livre II.

l'abbé Prévost, s'inspirant de différents récits de voyage au Cap[17] qui sont également mentionnés dans l'article « Hottentots » de l'*Encyclopédie* écrit par le Chevalier de Jaucourt[18]. Le narrateur de l'*HDI* invoque succinctement leur économie pastorale, quelques éléments de l'organisation sociale qu'il voit régie par des biens en commun et un esprit de « concorde inaltérable[19] », certains de leurs coutumes et usages ainsi que leur langue, que Raynal décrit comme « une espèce de ramage, composé de sifflements et de sons bizarres qui n'ont presque point de rapport avec les nôtres[20] ». Loin de dénigrer la société et la culture des Hottentots qui sont caractérisées par le terme de « sauvages », auquel n'est attachée aucune valorisation négative, elles sont, au contraire, mises au même niveau que celles de « tous les peuples pasteurs[21] », comme ceux de l'antiquité grecque que le narrateur évoque explicitement en mentionnant, dans ce contexte, la figure d'Hercule[22].

La seconde partie, écrite comme le reste de ce texte sur les Hottentots par Diderot, restitue leur culture dans une perspective plus large et comparative en soulignant que leurs règles de vie suivaient une logique tout à fait comparable à celle d'autres peuples du globe vivant dans les mêmes conditions et adoptant, comme eux, les « mœurs des pâtres[23] ». La troisième partie, présentant une structure dialogique impliquant le narrateur et le lecteur, débute par la question « Mais sont-ils heureux, me demanderez-vous ? », pour mettre en cause fondamentalement le projet de civilisation qui était lié à la fois au progrès des Lumières et à l'entreprise coloniale. Cette question débouche sur une mise en opposition radicale des promesses des « lumières[24] » et de la « civilisation » visant à amener des peuples comme celui des Hottentots « à une vie plus policée, à des mœurs qui vous paraissaient préférables aux siennes[25] », d'une

---

17 Voir les sources de ce chapitre dans Guillaume-Thomas Raynal, *Histoire philosophique et politique des établissements et du commerce des Européens dans les deux Indes*, édition critique, dir. Anthony Strugnell, Andrew Brown, Cecil Patrick Courtney, Georges Dulac, Gianluigi Goggi, Hans-Jürgen Lüsebrink, Ferney-Voltaire, Centre International d'Étude du XVIIIe siècle (désormais Raynal), t. I, éd. Anthony Strugnell, 2010, p. 189-198.

18 Chevalier de Jaucourt, « Hottentots (*Géographie*) », in *Encyclopédie*, op. cit., t. VIII, 1765, p. 320b.

19 H80, t. I, livre II, chap. 18, p. 202.

20 H80, t. I, livre II, chap. 18, p. 202.

21 H80, t. I, livre II, chap. 18, p. 202.

22 H80, t. I, livre II, chap. 18, p. 202 : « Ils ont institué un ordre dont on honore ceux qui ont vaincu quelques-uns des monstres destructeurs de leurs bergeries. L'apothéose d'Hercule n'eut pas une autre origine ».

23 H80, t. I, livre II, chap. 18, p. 204.

24 H80, t. I, livre II, chap. 18, p. 205 : « Vous êtes fiers de vos lumières ; mais à quoi vous servent-elles ? De quelle utilité seraient-elles à l'Hottentot ? ».

25 H80, t. I, livre II, chap. 18, p. 205.

part, et des pratiques coloniales d'autre part, que le narrateur décrit sans fard en s'adressant, sous la forme d'une harangue, aux colonisateurs hollandais :

> Mais vous êtes descendus dans son pays pour l'en dépouiller. Vous ne vous-êtes approchés de sa cabane que pour l'en chasser, que pour le substituer, si vous le pouviez, à l'animal qui laboure sous le fouet de l'agriculteur, que pour achever de l'abrutir, que pour satisfaire votre cupidité[26].

La quatrième et dernière partie de ce texte change de perspective discursive et développe une harangue du narrateur adressée aux Hottentots. Se rapprochant du message et du style oratoire du *Supplément de Voyage au Bougainville* de Diderot, où ce type de harangue est mise dans la bouche d'un « Vieillard », le narrateur se met ici dans la posture de celui qui avertit les indigènes des dangers à venir et leur révèle le véritable caractère, dissimulé sous une fausse allure d'« affability », de « bienfaisance » et d'« humanité », de ces nouveaux venus européens :

> Et comment ne vous tromperait-elle pas ? c'est un piège pour eux-mêmes. La vérité semble habiter sur leurs lèvres. En vous abordant, ils s'inclineront. Ils auront une main placée sur la poitrine. Ils tourneront l'autre vers le ciel, ou vous la présenteront avec amitié. Leur geste sera celui de la bienfaisance, leur regard celui de l'humanité : mais la cruauté, la trahison sont au fond de leur cœur. Ils disperseront vos cabanes, ils se jetteront sur vos troupeaux ; ils corrompront vos femmes ; ils séduiront vos filles. Ou vous vous plierez à leurs folles opinions, ou ils vous massacreront sans pitié[27].

Le passage cité, qui défend des positions anticolonialistes qui paraissent caractéristiques pour la troisième édition de l'*HDI* (1780/1783), met en relief la double dimension oratoire et prophétique de cette dernière partie du texte sur les Hottentots. Apparaissant comme un orateur haranguant une foule – celle en l'occurrence des Hottentots –, le narrateur se montre en même temps dans une posture de prophète des événements à venir qui paraissent foncièrement menaçants et destructeurs et face auxquels il propose, dans un style dramatisant, deux possibilités d'agir offertes aux Africains : la fuite (« Fuyez, malheureux Hottentots », « enfoncez-vous dans vos forêts », « Hâtez-vous donc, embusquez-vous »[28]) ou bien la résistance violente (« percez-leur la poitrine »,

---

26 H80, t. I, livre II, chap. 18, p. 205.
27 H80, t. I, livre II, chap. 18, p. 206.
28 H80, t. I, livre II, chap. 18, p. 205.

« ce sont vos flèches qu'il faut leur adresser »[29]). Après avoir souligné, comme dans une pièce de théâtre approchant de l'issue dramatique de l'action, l'urgence de la situation, le texte se termine sur un ultime soubresaut rhétorique : le narrateur devenu orateur souligne la « fictionnalité » de la harangue (« Ni le Hottentot ni l'habitant des contrées qui vous restent à dévaster ne l'entendront[30] ») et finit par placer le lecteur européen devant ses propres contradictions et son propre examen de conscience :

> Si mon discours vous offense, c'est que vous n'êtes pas plus humains que vos prédécesseurs, c'est que vous voyez dans la haine que je leur ai vouée celle que j'ai pour vous[31].

Le narrateur de l'*HDI* – en l'occurrence ici vraisemblablement Diderot – qualifie son intervention successivement de « harangue » et de « discours », la « harangue » ayant été définie à l'époque, par exemple dans l'article rédigé par Edme-François Mallet pour l'*Encyclopédie*, comme un « discours qu'un orateur prononce en public, ou qu'un écrivain, tel qu'un historien ou un poète, met dans la bouche de ses personnages[32] ». Comme dans l'appel à Louis XVI, la forme rhétorique de la harangue remplit ici plusieurs fonctions. Elle constitue un contrepoint dramatique par rapport au début du texte qui reflète la dimension descriptive, largement due à la plume de Raynal, de l'*HDI* ; elle s'adresse successivement aux Européens colonisateurs et aux Hottentots incarnant les peuples victimes des découvertes et des colonisations européennes, en simulant une situation de communication orale ; et elle se révèle, en fin de compte, comme un appel passionné et virulent au lecteur européen, visant à l'interpeller, le plaçant devant ses contradictions et l'obligeant à prendre position.

L'*HDI*, à travers les genres textuels et les registres discursifs très divers auxquels Raynal et ses co-auteurs ont recours, représente quasi exclusivement un discours sur l'Autre, son histoire, son environnement géographique, économique et social, sa mentalité et sa culture[33]. Elle ne prétend que très rarement

---

29   H80, t. I, livre II, chap. 18, p. 206. Voir aussi p. 205 : « Ou, si vous en avez le courage, prenez vos haches, tendez vos arcs, faites pleuvoir sur ces étrangers vos flèches empoisonnées » ; et p. 206 : « Ce ne sont pas les représentations de la justice, qu'ils n'écoutent pas, ce sont vos flèches qu'il faut leur adresser. Il est temps […] ».

30   H80, t. I, livre II, chap. 18, p. 206.

31   H80, t. I, livre II, chap. 18, p. 206.

32   « Harangue », in *Encyclopédie*, *op. cit.*, t. VIII, p. 41a.

33   Sur ce sujet, on peut consulter aussi, dans ce volume, l'article de Pierino Gallo « Le Philosophe, l'Européen et le Sauvage ».

donner la parole aux Autres, suivant une volonté et un désir de donner voix aux visions non-européennes du monde et aux perspectives opposées aux visions colonisatrices occidentales. Cette volonté et ce désir ne sont pourtant pas absents dans les discours littéraires et philosophiques du XVIIIe siècle. Ils se révèlent dans ses marges et à travers des formes et des discours hétérogènes et idéologiquement hétéroclites : comme notamment dans les écrits du Baron de La Hontan, notamment dans ses *Dialogues avec un Sauvage* (1704), ses *Nouveaux voyages dans l'Amérique septentrionale* (1702-03) et ses *Mémoires de l'Amérique Septentrionale* (1704), où il cherche à donner, en mélangeant expériences personnelles, observations ethnographiques et projections fictionnelles, une vision de l'intérieur des sociétés et cultures amérindiennes du Canada[34] ; ou encore dans le *Supplément au Voyage de Bougainville* de Diderot qui fictionnalise, en ayant recours à de prétendues traductions, la parole de Tahitiens qui étaient censés avoir été en contact avec Louis-Antoine de Bougainville lors de son séjour à Tahiti en 1771[35]. On relève cette même volonté aussi à travers des ouvrages comme les *Lettres d'une Péruvienne* (1747) de Madame de Graffigny qui reflètent un désir de connaître la « vision des Autres », mais dont la « fictionnalité » ne faisait aucun doute aux yeux du lectorat de l'époque. Et on la constate, enfin, à la fin du XVIIIe siècle, à travers la publication des premiers écrits littéraires et autobiographiques d'anciens esclaves africains devenus libres comme Benjamin Bannaker, Ottobah Cuguano, Olaudah Equiano et Phillis Wheatley auxquels l'abbé Grégoire allait donner, dans son ouvrage *De la littérature des nègres* toute leur importance culturelle et anthropologique[36].

---

34 Voir sur ce point Hans-Jürgen Lüsebrink, « Interkulturelle Dialogizität. Europäisch-außereuropäische Dialoge bei La Hontan und Clavijero », in *Dialog und Dialogizität im Zeichen der Aufklärung*, éd. Gabriele Vickermann-Ribémont et Dietmar Rieger, Tübingen, Gunter-Narr-Verlag, 2003, p. 49-67 ; Réal Ouellet, « Introduction », in Lahontan, *Œuvres complètes*, éd. Réal Ouellet, avec la collaboration d'Alain Beaulieu, Montréal, Presses de l'Université de Montréal, 1990, vol. I, p. 11-199 ; Benoît Melançon, « Les limites du dialogue : Lahontan, les Jésuites, Bougainville », in *Dialogisme culturel au XVIIIe siècle*, éd. Jean-Marie Goulemot, Tours, Université de Tours, 1997, p. 15-30.

35 Voir sur cette question Hans-Jürgen Lüsebrink, « Von Shaftesbury zu Bougainville und Seneca. Zur politisch-philosophischen Funktion des Übersetzens im Werk von Denis Diderot », in *Der politische Diderot*, éd. Andreas Heyer, Baden-Baden, Nomos, 2021 (sous presse).

36 Henri Grégoire, *De la littérature des nègres, ou Recherches sur leur facultés intellectuelles, leurs qualités morales et leur littérature ; suivies de Notices sur la vie et les ouvrages des Nègres qui se sont distingués dans les Sciences, les Lettres et les Arts*, Paris, Maradan, 1808, p. 211-212, 215-216, 245-252, 260-263 ; voir aussi sur cette thématique David Diop, *Rhétorique nègre au XVIIIe siècle. Des récits de voyage à la littérature abolitionniste*, Paris, Classiques Garnier, 2018.

Malgré la rareté des prises de paroles fictionnalisées qui y sont présentes, l'*HDI* s'inscrit dans cette volonté de donner – au moins symboliquement et avec les moyens de la fiction – la parole aux peuples non-européens, afin de faire connaître leur vision du monde et de « traduire » leur perception de la civilisation européenne colonisatrice. Ces prises de parole transposent et « traduisent » dans un contexte nouveau, celui de la colonisation européenne et des contacts entre « conquérants » et « indigènes », des registres stylistiques et des schémas oratoires de la rhétorique politique, héritée de l'antiquité gréco-latine et transmise par les collèges de l'Ancien Régime où Raynal aussi bien que ses collaborateurs, notamment Diderot, ont été formés. On pourrait distinguer essentiellement trois formes (ou dispositifs) de prises de parole, souvent mis en italique dans le texte de l'*HDI* : l'apostrophe mise dans la bouche de locuteurs non-européens adressée aux conquérants ; puis le dialogue entre colonisateurs et colonisés ; et, enfin, des propos prétendument rapportés témoignant souvent de coutumes et de visions radicalement différents des cultures européennes.

Le premier type de rhétorique, celui de l'apostrophe « indigène », se trouve par exemple à la fin du passage analysé sur les Hottentots. Constatant la prise de possession de leurs terres par les Hollandais qui avaient débarqué au Cap de Bonne-Espérance sous la direction de Riebeck, pour les cultiver à leur profit, le narrateur de l'*HDI* évoque les « représentations » suivantes des « naturels du pays » à qui « cette conduite déplut » :

> *Pourquoi*, dit leur envoyé à ces étrangers, *pourquoi avez-vous semé nos terres ? Pourquoi les employez-vous à nourrir nos troupeaux ? De quel œil verriez-vous ainsi usurper vos champs ? Vous ne vous fortifiez que pour réduire par degrés les Hottentots à l'esclavage*[37].

Suivies de « quelques hostilités », mais calmées par les Hollandais par « beaucoup de promesses et quelques présents[38] », ces « représentations » des Hottentots face aux envahisseurs hollandais, que le narrateur choisit ne rendre que par des extraits, reflètent une forme de contre-discours qui remet fondamentalement en cause la légitimation des conquêtes et les prises de possession européennes outre-mer. Cette mise en cause se retrouve aussi dans plusieurs autres chapitres de l'*HDI* (notamment dans son édition de 1780), dus pour la plupart à la plume de Diderot, comme le texte ouvrant le premier chapitre du livre VIII consacré au Chili et au Paraguay, portant le titre

---

37   H80, t. I, livre II, chap. 18, p. 206.
38   H80, t. I, livre II, chap. 18, p. 206.

programmatique – qui contient en même temps une question rhétorique à laquelle le narrateur répond par la négative : « Les Européens ont-ils été en droit de fonder des colonies dans le Nouveau Monde ?[39] ».

Le second type de « prise de parole » non-européenne fictionnalisée est représenté, de manière paradigmatique, par le discours d'un Africain menacé d'être rendu esclave par la traite des noirs qui s'était développée dans le sillage de la colonisation européenne des Amériques[40]. Il se trouve au cœur du chapitre 24 du onzième livre de l'*HDI*, en grande partie rédigé par Diderot, qui porte le titre « Origine et progrès de l'esclavage. Arguments imaginés pour le justifier. Réponse à ces arguments ». Basé, pour certains passages repris par endroits textuellement, sur les *Observations sur les commencements de la société* (1773) de John Millar, ce chapitre qui dépasse très largement le contenu et les ambitions de l'article « Esclavage » publié dans l'*Encyclopédie*[41], offre une structure argumentative et rhétorique très complexe. Traçant d'abord une histoire du phénomène de l'esclavage, de l'antiquité jusqu'aux temps modernes, il contient par la suite une réflexion philosophique sur la légitimité de l'esclavage et de la traite des esclaves qui se déroule sous une forme dialogique. Celle-ci reprend les schémas de la rhétorique délibérative du barreau : le narrateur y invoque et cite les arguments des défenseurs de l'esclavage pour ensuite les contredire et démontrer leur non-validité et leur côté inhumain, voire leur absurdité. À l'argument « Mais, dit-on, dans toutes les régions et dans tous les siècles, l'esclavage s'est plus ou moins généralement établi », le narrateur répond dans un style à la fois délibérément subjectif et philosophique :

> Je le veux : mais que m'importe ce que les autres peuples ont fait dans les autres âges ? Est-ce aux usages des temps ou à sa conscience qu'il faut en appeler ? Est-ce l'intérêt, l'aveuglement et la barbarie, ou la raison et la justice qu'il faut écouter ? Si l'universalité d'une pratique en prouvait l'innocence, l'apologie des usurpations, des conquêtes, de toutes les sortes d'oppressions serait achevée[42].

---

39   H80, t. II, livre VIII, chap. 1, p. 249-252.
40   La question de l'Africain dans l'*HDI* est développée, dans ce recueil, par Jonathan Camio (« Entre rythme et mutisme : la figure de l'Africain dans l'*Histoire des deux Indes* de 1780 »).
41   Chevalier de Jaucourt, « Esclavage (*Droit naturel, Religion, Morale*) », in *Encyclopédie, op. cit.*, t. V, p. 934a-939a. Voir sur cet article l'excellent dossier critique d'Alessandro Tuccillo, Dossier critique de l'article « ESCLAVAGE (*Droit nat. Religion, Morale*) » (*Encyclopédie*, t. V, p. 934a-939a), *Édition numérique collaborative et critique de l'*Encyclopédie, mise en ligne le 20 avr. 2020, consultée le 7 févr. 2021 [Permalien : 11280/ ef380688].
42   H80, t. III, livre XI, chap. 24, p. 195-196 ; Raynal, t. III, p. 175-176.

Ce chapitre se termine sur un discours prophétique et anticipateur prédisant l'abolition de l'esclavage et de la traite suite à une « révolution » violente menée par les esclaves, sous l'égide d'un « grand homme ». « En attendant cette révolution », conclut le narrateur, « les nègres gémissent sous le joug des travaux, dont la peinture ne peut que nous intéresser de plus en plus à leur destinée[43] ».

La prise de parole fictionnelle d'un esclave, qui occupe le centre de cette argumentation anti-esclavagiste, est introduite par le narrateur à travers l'évocation d'une scène dramatique destinée à plonger le lecteur dans le contexte même de la traite d'esclaves, comme s'il en était devenu un témoin oculaire. Le narrateur s'empresse ainsi d'anticiper la forte émotion face au tableau qui se présente à lui :

> Voyez cet armateur qui, courbé sur son bureau, règle, la plume à la main le nombre des attentats qu'il peut faire commettre sur les côtes de la Guinée ; qui examine à loisir, de quel nombre de fusils il aura besoin pour obtenir un nègre, de chaînes pour le tenir garroté sur son navire, de fouets pour le faire travailler ; qui calcule, de sang-froid, combien lui vaudra chaque goutte de sang, dont cet esclave arrosera son habitation ; qui discute si la négresse donnera plus ou moins à sa terre par les travaux de ses faibles mains que par les dangers de l'enfantement. Vous frémissez ...[44]

Suite à un changement de décor et de scène, le lecteur se voit confronté, dans le paragraphe suivant du texte, au discours d'un Africain qui refuse violemment l'esclavage et sa légitimation économique et culturelle. Le style du discours est porté par une veine pathétique, par la passion, et plus encore par la colère, que la rhétorique de l'époque définit, suivant Aristote, comme un « désir chagrin de vengeance causé par un mépris[45] » qui s'exprime à travers des termes virulents et accusateurs :

> Hommes ou démons, qui que vous soyez, oserez-vous justifier les attentats contre mon indépendance par le droit du plus fort ? Quoi ! celui qui veut me rendre esclave n'est point coupable ; il use de ses droits. Où sont-ils ces droits ? Qui leur a donné un caractère assez sacré pour faire taire les miens ? Je tiens de la nature le droit de me défendre ; elle ne t'a

---

43 H80, t. III, livre XI, chap. 24, p. 205 ; Raynal, t. III, p. 181.
44 H80, t. III, livre XI, chap. 24, p. 194-195 ; Raynal, t. III, p. 175.
45 Edme-François Mallet, *Principes pour la lecture des orateurs, op. cit.*, t. II, p. 230-231 (« De la colère »).

pas donc donné celui de m'attaquer. Que si tu te crois autorisé à m'opprimer, parce tu es plus fort et plus adroit que moi ; ne te plains donc pas quand mon bras vigoureux ouvrira ton sein pour y chercher ton cœur ; ne te plains pas, lorsque, dans tes entrailles déchirées, tu sentiras la mort que j'y aurai fait passer avec tes aliments. Je suis plus fort et plus adroit que toi ; sois à ton tour victime ; expie maintenant le crime d'avoir été oppresseur[46].

Ce morceau rhétorique est à plusieurs égards remarquable : d'une part, parce qu'il utilise, dans un contexte et avec des arguments nouveaux – ceux du droit naturel –, les schémas rhétoriques de l'art oratoire délibératif ; et, d'autre part, parce qu'il substitue à la logique délibérative impliquant l'enchaînement des éléments discursifs de l'accusation, de la défense, du jugement et d'une punition ou accusation, celle d'une justice populaire et expéditive qui fait suivre l'acte rhétorique de l'accusation d'une vengeance punitive cruelle. Cette chaîne argumentative neuve sur le plan rhétorique, qui prend dans le passage cité la forme d'une scène très concrète montrant un affrontement à la fois violemment verbal et brutalement physique visant à entraîner la mort de l'accusé, allait s'avérer anticipatrice de nombreux dispositifs rhétoriques, mais aussi de pratiques punitives utilisés pendant la Révolution française (en particulier pendant les massacres de septembre 1792[47]) et la Révolution haïtienne.

Un troisième type d'oralité, celui qui prétend traduire et rendre des situations de communication dans les sociétés et cultures indigènes, assez présent par exemple de l'œuvre du Baron de La Hontan sur ses voyages en Amérique Septentrionale, est plus rare dans l'*HDI*. Le narrateur de l'ouvrage évoque ces situations en particulier dans le livre XV consacré aux sociétés amérindiennes du Canada. Il cherche ainsi à saisir, en suivant en partie les observations de La Hontan, les éléments non-verbaux et para-verbaux de la communication, comme « le geste, l'attitude ou l'action du corps, l'inflexion de la voix[48] », et il ne manque pas de relever, sans donner toutefois des détails, que les métaphores utilisées par les autochtones dans leur communication quotidienne étaient « plus hardies, plus familières dans leur conversation, qu'elles ne le sont dans la poésie même épique des langues de l'Europe[49] ». En citant un chef des autochtones du Canada, le narrateur de l'*HDI* vise à mettre en relief,

---

46 H80, t. III, livre XI, chap. 24, p. 195 ; Raynal, t. III, p. 175.
47 Voir aussi sur point Bernard Conein, « Le tribunal de la terreur, du juillet 1789 aux massacres de septembre », *Les Révoltes Logiques. Cahiers du Centre de Recherches sur les Idéologies de la Révolte*, n° 11, hiver 1979, p. 2-42.
48 H80, t. IV, livre XV, chap. 4, p. 14.
49 H80, t. IV, livre XV, chap. 4, p. 14.

en comparant son talent rhétorique à celui des orateurs grecs et romains, la dignité humaine et l'esprit de résilience de son peuple :

> Leurs harangues dans les assemblées publiques étaient surtout remplies d'images, d'énergie et de mouvement. Jamais peut-être aucun orateur Grec ou Romain ne parla avec autant de force et de sublimité qu'un chef de ces sauvages. On voulait les éloigner de leur patrie : *Nous sommes*, répondit-il, *nés sur cette terre ; nos pères y sont ensevelis. Dirons-nous aux ossements de nos pères, levez-vous, et venez avec nous dans une terre étrangère*[50] ?

Dans le même chapitre, qui a été rédigé pour l'essentiel par Diderot[51], le narrateur, visant à décrire les usages et les traditions des Amérindiens perçus souvent comme insolites par les lecteurs européens, cite un dialogue entre un prisonnier de guerre et la veuve d'un soldat adversaire qui était censé l'accueillir, selon la coutume en vigueur, dans le foyer de son mari défunt. Ayant perdu plusieurs doigts dans les combats et se voyant ainsi « incapable » de « combattre » et de « défendre » sa nouvelle famille d'accueil, le prisonnier se montre sans hésiter en accord avec la suggestion de la veuve : « la mort vaut mieux pour toi ». Décrivant par la suite « les plus cruels tourments » endurés par le prisonnier « avec une constance qui les bravait, une gaieté qui les défiait », ce récit parsemé d'éléments dialogiques est commenté par le narrateur comme suit :

> Quel mélange de vertus et de férocité ! Tout est grand chez ces peuples qui ne sont pas asservis. C'est le sublime de la nature dans ses horreurs et ses beautés[52].

Comme David Diop, dans son ouvrage sur la *Rhétorique nègre au XVIIIᵉ siècle*, l'a magistralement montré concernant de nombreux récits de voyages, pièces de théâtre et morceaux de poésie, la présence de propos et de paroles d'Africains était soumise au Siècle des Lumières à une « interprétation qui s'emploie souvent à rapporter l'inconnu africain, matérialisé par l'étrangeté de sa langue, au connu européen du lecteur[53] ». Dans l'*HDI* on perçoit, derrière les propos

---

50   H80, t. IV, livre XV, chap. 4, p. 14-15.
51   Michèle Duchet, *Diderot et l'*Histoire des deux Indes *ou l'écriture fragmentaire*, Paris, A.-G. Nizet, 1978, p. 93.
52   H80, t. IV, livre XV, chap. 4, p. 34.
53   David Diop, *Rhétorique nègre au XVIIIᵉ siècle*, op. cit., p. 351.

rapportés et les prises de parole d'indigènes de continents différents, souvent une semblable logique de la projection fictionnelle, basée à la fois sur des mises en parallèle, des comparaisons et des désirs d'altérité. On perçoit également, dans cette volonté de rapporter la parole de l'Autre, une visée ethnographique et anthropologique, désireuse de mieux connaître cette parole de l'Autre, de la traduire et de la transmettre. Mais les espaces d'oralité mis en place dans l'*HDI*, marqués par le rôle prééminent de l'historien-philosophe et par de nouvelles formes et fonctions politiques du dialogique, de l'apostrophe et de la harangue, semblent en premier lieu avoir été habités par le désir d'un nouvel espace public et de nouveaux rapports au pouvoir qui a fortement influencé l'imaginaire et les mentalités de la France pré-révolutionnaire.

Le Philosophe, l'Européen et le Sauvage

Pierino Gallo

Résumé

Comme beaucoup de chercheurs l'ont démontré, l'*Histoire des deux Indes* est, de par sa vocation, un texte magmatique, dans lequel se font entendre les croyances de l'auteur, à travers des projections (linguistiques et fictionnelles) prêtes à montrer le chemin à prendre ou, encore, les principes à valider. Ces projections, qui plus est, sont investies de fonctions spécifiques : en se servant des appuis de l'éloquence, elles parasitent le récit et en définissent le but ; par ce biais, enfin, elles confèrent au discours une épaisseur argumentative, une dimension idéologique qui influence le lecteur. La voix du narrateur se trouve dès lors amplifiée, renforcée, irradiée, par une série d'« épiphanies » qui appellent au décryptage. Attentif aux informations que tout cela peut livrer sur l'œuvre de Raynal, cet article examine l'itinéraire que trace, dans l'*Histoire des deux Indes*, la posture énonciative du philosophe (attribuable tantôt à l'abbé tantôt à Diderot), en interrogeant ses réémergences dans les portraits de l'Européen et du Sauvage (à entendre, ce dernier, dans le sens d'habitant du Nouveau Monde). Plus fictives que réelles, ces figures permettent à l'écrivain, ou plutôt au*x* écrivains, de méditer sur l'Histoire, tout en passant du fait narré à son interprétation, du récit historique à sa réception morale et philosophique.

Abstract

As many researchers have demonstrated, the *Histoire des deux Indes* is, by its vocation, a magmatic text, in which the author's beliefs are expressed through projections (linguistic and fictional) ready to show the path to be taken or the principles to be validated. These projections, moreover, are invested with specific functions: by using the support of eloquence, they disturb the narrative and define its purpose; by this means, finally, they give the discourse an argumentative depth, an ideological dimension that influences the reader. The narrator's voice is then amplified, reinforced, irradiated by a series of « epiphanies » that call for decoding. Attentive to the information that all this can provide about Raynal's work, this article examines the itinerary traced in the *Histoire des deux Indes* by the enunciative position of the philosopher (sometimes attributable to *l'abbé* and sometimes to Diderot), questioning its re-emergence in the portraits of the European and the Savage (the latter, in the sense of an inhabitant of the New World). More fictitious than real, these figures allow the writer, or rather writers, to meditate on History, while moving from the narrated fact to its interpretation, from the historical account to its moral and philosophical reception.

« Chez Raynal – nous le savons – l'écriture n'est jamais fermée, pour ainsi dire, sur elle-même », car, à y regarder de près, « elle existe toujours en fonction d'*autre chose*[1] ». Il s'agit là d'une orientation majeure pour l'analyse de l'*HDI*. Contre les facilités qui semblent surgir d'une lecture plus ou moins idéologisée de l'œuvre, l'examen rhétorique de l'écriture et des « instances discursives » qui peuplent l'ouvrage peut en effet nous conduire à un niveau autre. Comme les récentes recherches l'ont démontré[2], l'*HDI* est, de par sa vocation, un texte magmatique, dans lequel retentissent les croyances de l'auteur, à travers des projections (linguistiques et fictionnelles) prêtes à montrer le chemin à prendre ou, encore, les principes à valider. Ces projections, qui plus est, sont investies de pouvoirs indiscutables : en se servant par exemple des appuis de l'éloquence[3], elles parasitent la narration et en définissent le but[4] ; par ce biais, enfin, elles confèrent au discours une épaisseur argumentative, une « dramaturgie philosophique[5] » qui influence le lecteur. La voix du narrateur se trouve ainsi amplifiée, renforcée, irradiée, par une série d'« épiphanies » qui appellent au décryptage.

Attentifs aux informations que tout cela peut livrer sur l'œuvre de Raynal, nous souhaitons ici examiner l'itinéraire que trace, dans l'*HDI*, la posture

---

1   Gianluigi Goggi ; Gilles Bancarel, « Introduction », in *Raynal. De la polémique à l'histoire*, éd. Gilles Bancarel et Gianluigi Goggi, Oxford, Voltaire Foundation, 2000, p. 2.
2   Voir, entre autres, les deux volumes : *Lectures de Raynal : l'*Histoire des deux Indes *en Europe et en Amérique au XVIII*ᵉ *siècle*, éd. Hans-Jürgen Lüsebrink et Manfred Tietz, Oxford, Voltaire Foundation, 2014 [1991], et *L'*Histoire des deux Indes *: réécriture et polygraphie*, éd. Hans-Jürgen Lüsebrink et Anthony Strugnell, Oxford, Voltaire Foundation, 1995.
3   Apostrophes, commentaires, transferts de la parole du narrateur sur la bouche d'êtres fictifs. Voir, sur ce sujet, Stéphane Pujol, « Les formes de l'éloquence dans l'*Histoire des deux Indes* », in *L'*Histoire des deux Indes *: réécriture et polygraphie*, op. cit., p. 357-369.
4   Nous avons commenté quelques exemples de ce procédé dans deux articles, intitulés respectivement « Discours historique et discours philosophique : l'Amérique espagnole de Raynal » (*RZLG*, vol. XLI, 3-4, 2017, p. 353-365), et « Une source "philosophique" de l'*Histoire des deux Indes* (1780) : *Les Incas* de Jean-François Marmontel » (*DHS*, n° 49, 2017, p. 677-692).
5   Georges Benrekassa emploie cette formule dans une étude sur l'écriture de Diderot (« Fonction, rôle, voix : la philosophie du conteur », in *Diderot, l'*Encyclopédie *et autres études. Sillages de Jacques Proust*, éd. Marie Leca-Tsiomis, Paris, Centre international d'étude du XVIIIᵉ siècle, 2010, p. 50).

énonciative du philosophe (attribuable tantôt à l'abbé tantôt à Diderot[6]), en interrogeant ses réémergences dans les portraits de l'Européen et du Sauvage (à entendre, ce dernier, dans le sens d'habitant du Nouveau Monde). Plus fictives que réelles, ces figures permettent à l'écrivain, ou plutôt aux écrivains, de raisonner sur l'Histoire, tout en passant du fait narré à son interprétation, du récit historique à sa réception morale et philosophique[7].

La troisième édition de l'*HDI* (Genève, J.-L. Pellet, 1780[8]) est, à n'en pas douter, celle où la présence textuelle des narrateurs ressort le plus nettement[9] ; les prises de position, en effet, s'y multiplient dans le respect d'une idée-guide que l'auteur s'empresse de formuler dès l'ouverture : « L'image auguste de la vérité m'a toujours été présente. Ô vérité sainte ! c'est toi seule que j'ai respectée[10] ». Le pronom *je* annonce d'ailleurs l'originalité de ce travail[11] : c'est des hauteurs morales auxquelles mène un tel parcours « qu'on laisse tomber des larmes sur le génie persécuté, sur le talent oublié, sur la vertu malheureuse. C'est de-là qu'on verse l'imprécation et l'ignominie sur ceux qui trompent les hommes, et sur ceux qui les oppriment[12] ». En d'autres mots, pour que l'Histoire se rende utile, il faut que l'historien nous la fasse « sentir », à savoir qu'il devienne le « génie » (du latin *gignere*, créer, engendrer) du passé, en forgeant par son écriture des enseignements pratiques. Cette mission se déploie dans l'ouvrage

---

6   On connaît la façon de travailler de l'auteur de l'*HDI* et de son collaborateur le plus connu : dans la plupart des cas, « la révision-réécriture de Diderot *vient* s'ajouter au texte-canevas de Raynal » (Gianluigi Goggi, « L'image d'ouverture de l'*Histoire des deux Indes* », in *Le Langage politique de Diderot*, éd. Franck Salaün, Paris, Hermann, 2014, p. 27). Pour mieux cerner les apports de Diderot à l'œuvre de l'abbé, nous nous servirons dans cet article des précieux inventaires établis par Gianluigi Goggi et reproduits à la fin de chaque tome de l'édition critique de l'*HDI* (Raynal, t. I (2010), p. 749-766 ; t. II (2018), p. 569-598 ; t. III (2020), p. 635-658).

7   Audrey Guitton réfléchit à l'instrumentalisation de ces « masques » fictionnels dans *L'Autre lointain en dialogue. La quête de la voix idéale au siècle des Lumières*, Paris, Classiques Garnier, 2012 (voir, en particulier, p. 11-102). Voir aussi, sur le Sauvage comme figure « allégorique et non pas historique », Jean Ehrard, *L'Idée de nature en France dans la première moitié du XVIIIᵉ siècle*, Paris, Albin Michel, 1994, p. 746 et suiv.

8   C'est notre édition de référence (désormais H80). L'orthographe des extraits cités a été modernisée.

9   On peut consulter, à ce propos, Gianluigi Goggi, *De l'*Encyclopédie *à l'éloquence républicaine. Études sur Diderot et autour de Diderot*, Paris, Honoré Champion, 2013, p. 565-581.

10 H80, t. I, livre I, « Introduction », p. 3.

11 « Ici, le pronom "je" nomme la position de l'énonciation narrative dans l'*Histoire des deux Indes* comme le site d'un équivalent général où peuvent avoir lieu des échanges multiples entre les narrateurs, la narration et les narrataires ; soit entre les auteurs et les lecteurs ciblés par l'œuvre » (Mira Kamdar, « La fable de l'Inde : Diderot et le paradoxe sur l'*Histoire des deux Indes* », in *L'Inde des Lumières. Discours, histoire, savoirs (XVIIᵉ-XIXᵉ siècle)*, éd. Marie Fourcade et Ines G. Županov, Paris, Éditions de l'EHESS, 2013, p. 171).

12 H80, t. I, livre I, « Introduction », p. 3.

de façon capillaire, atteignant son acmé dans le volet sur la colonisation du Nouveau Monde[13] : « On ne me persuadera jamais – précise le *je* au seuil du livre VII – qu'au premier aspect de l'Européen, l'homme sauvage ait été plus farouche que les animaux. Ce fut sûrement une fatale expérience qui l'instruisit du péril de cette familiarité[14] ». La position, quelque peu dichotomique, du philosophe irrigue le livre entier et résonne avec vigueur dans les descriptions morales des colons et des Péruviens. Quant aux Espagnols, lit-on plus bas, ils « avaient peine à retenir cette fureur, cette soif de sang, que leur inspirait la vue de l'or[15] » ; « [...] les meurtriers parcoururent le Pérou avec cette soif de sang et de rapine qui dirigeait toutes leurs actions[16] ». Lorsqu'enfin Balboa, escorté par ses « dogues », prend la parole dans le texte, c'est pour verbaliser ces actes de banditisme : « Spectateurs des deux hémisphères, *s'écrie ce barbare*, vous êtes témoins que je prends possession de cette partie de l'univers pour la couronne de Castille[17] ». Les tableaux ainsi réunis, volontairement sombres, expriment un jugement : la conquête, par ces « brigands », d'une nation vaste et « naturellement douce », doit susciter la réflexion ; à l'inventaire des faits doit succéder le commentaire. Ainsi :

> Comment [...] arriva-t-il qu'un grand peuple n'osa pas même disputer un terrain dont la nature devait lui être si connue, à une poignée de *brigands* que les écumes de l'Océan venaient de vomir sur ses rivages ?
> C'est par la même raison que le *voleur intrépide*, le pistolet à la main, dépouille impunément une troupe d'hommes [...]. Quoiqu'il soit seul et qu'il n'ait qu'un ou deux coups à tirer, il en impose à tous [...]. La défense suppose un concert de volontés qui se forme avec d'autant plus de lenteur, que le péril est moins attendu, que la sécurité était plus entière, et qu'elle avait duré plus longtemps. Or c'était le cas des Péruviens. *Ils vivaient sans inquiétude et sans trouble depuis plusieurs siècles*[18].

---

13 « Je ne me suis pas proposé d'être le panégyriste des conquérants de l'autre hémisphère. Mon jugement ne s'est point laissé corrompre par l'éclat de leurs succès au point de me dérober, et leurs injustices et leurs forfaits. J'écris l'histoire, et je l'écris presque toujours les yeux baignés de larmes » (H80, t. II, livre VII, chap. 1, p. 123). C'est, significativement, par cet aveu que Diderot ouvre le livre sur la conquête du Pérou.
14 H80, t. II, livre VII, chap. 1, p. 123-124.
15 H80, t. II, livre VII, chap. 5, p. 134.
16 H80, t. II, livre VII, chap. 5, p. 136.
17 H80, t. II, livre VII, chap. 3, p. 129 (nous soulignons). Raynal dramatise ici le récit, beaucoup moins « philosophique », de Charlevoix (*Histoire de l'Île espagnole ou de St. Domingue*, Amsterdam, Honoré, 1733, t. II, p. 265).
18 H80, t. II, livre VII, chap. 5, p. 137 (nous soulignons). Le deuxième paragraphe (« C'est par la même raison que le voleur ... ») est de la plume de Diderot.

Le registre argumentatif ainsi que le vocabulaire répondent ici à une construction polémique, dont le pivot est l'opposition entre Espagnols (comparés à des « voleurs intrépides ») et Incas (peuple vivant « sans inquiétude et sans trouble »). C'est, par ailleurs, un empire auguste et socialement organisé que les colons anéantirent, un peuple dont le dieu fut le soleil, l'« astre de feu, qui dissipe les ténèbres qui couvrent la terre[19] » : « Et en effet – intervient l'écrivain – quel être dans la nature est plus digne des hommages de l'homme ignorant que son éclat éblouit, de l'homme reconnaissant qu'il comble de bienfaits ?[20] ». La question rhétorique suffit ici à rendre compte du système de valeurs défendu par le texte. Système qui resurgit, au chapitre 24, dans une sorte de portrait-apostrophe contre les avides conquérants :

> C'est en vain que la nature avait recélé les métaux précieux dans ces masses les plus dures et les plus compactes [les montagnes du Pérou]. *Notre* cupidité les a brisées. [...]
> *Européens, méditez* ce que cet écrivain judicieux [Cassiodore] ajoute. « Acquérir de l'or en immolant des hommes ; c'est un forfait. » [...]
> *Et vous, vous*, pour avoir de l'or, vous avez franchi les mers. Pour avoir de l'or, vous avez envahi les contrées. Pour avoir de l'or, vous en avez massacré la plus grande partie des habitants. Pour avoir de l'or, vous avez précipité dans les entrailles de la terre ceux que vos poignards avaient épargnés. Pour avoir de l'or, vous avez introduit sur la terre le commerce infâme de l'homme et l'esclavage. Pour avoir de l'or vous renouvelez tous les jours les mêmes crimes[21].

Cette représentation noircie de l'Européen charpente, tel un fil conducteur, toutes les remarques du livre VII, pour retentir, dans une harangue typiquement diderotienne[22], au seuil même du livre suivant :

> Leurs navigateurs [les navigateurs des nations européennes] arrivent-ils dans une région du Nouveau-Monde qui n'est occupée par aucun peuple

---

19   H80, t. II, livre VII, chap. 6, p. 139. La symbolique solaire et ses liens avec les idéaux des Lumières sont désormais connus. Voltaire lui-même souligne l'importance du culte inca à plusieurs reprises dans ses écrits (voir *Essai sur les mœurs*, chap. 148, et *Alzire*, acte II, scène 4).
20   H80, t. II, livre VII, chap. 6, p. 139.
21   H80, t. II, livre VII, chap. 24, p. 200-201 (nous soulignons).
22   Très proche, par exemple, des idées proclamées par le vieux Tahitien dans le *Supplément au voyage de Bougainville* (voir, sur ce sujet, Michèle Duchet, « Le *Supplément au voyage de Bougainville* et la collaboration de Diderot à l'*Histoire des deux Indes* », CAEIF, n° 13, 1961, p. 173-187).

de l'ancien, aussitôt ils enfouissent une petite lame de métal, sur laquelle ils ont gravé ces mots : CETTE CONTRÉE NOUS APPARTIENT. Et pourquoi vous appartient-elle ? N'êtes-vous pas aussi injustes, aussi insensés que des sauvages portés par hasard sur vos côtes, s'ils écrivaient sur le sable de votre rivage ou sur l'écorce de vos arbres : CE PAYS EST À NOUS. Vous n'avez aucun droit sur les productions insensibles et brutes de la terre où vous abordez, et vous vous en arrogez un sur l'homme votre semblable. Au lieu de reconnaître dans cet homme un frère, vous n'y voyez qu'un esclave, une bête de somme. *Ô mes concitoyens !* Vous pensez ainsi [...] ; et vous avez des notions de justice ; une morale [...]. Ce reproche doit s'adresser plus particulièrement aux Espagnols ; et il va être malheureusement justifié encore par leurs forfaits dans le Chili[23].

Dans cette espèce de tribunal, les autres nations d'Europe n'ont pas un sort meilleur. Le long réquisitoire du livre X – les questions rhétoriques par lesquelles il commence – ne laissent pas de doute :

Des hommes civilisés ayant tous vécu dans leur patrie sous des gouvernements, sinon sages du moins anciens ; ayant tous été nourris dans des foyers où ils avaient reçu les leçons et quelquefois l'exemple des vertus ; tous élevés au centre de villes policées où l'exercice d'une justice sévère les avait accoutumés à respecter leurs semblables, auront-ils tous, tous sans exception, une conduite que l'humanité, leur intérêt, leur sûreté, les premières lueurs de la raison proscrivent également, et continueront-ils à devenir plus barbares que le sauvage ? *En serai-je donc réduit à ne tracer que d'affreux tableaux ? Bon Dieu ! À quel ministère étais-je réservé ?*[24]

Les Français, « aussi puissamment excités par la passion de l'indépendance, que par l'appât des richesses[25] », conquirent, comme des rapaces, plusieurs îles américaines ; les Anglais, tels des tyrans pratiquant l'esclavage, soumirent les indigènes[26] ; les Danois, avides et despotiques, firent gémir les Indiens[27]. Éprouvé par sa tâche, l'historien-philosophe va, au début du livre X, jusqu'à regretter sa mission édifiante : « [...] mais je crains bien que ma voix n'ait crié

---

23 H80, t. II, livre VIII, chap. 2, p. 251-252 (nous soulignons).
24 H80, t. III, livre X, chap. 1, p. 1-2 (nous soulignons). Il s'agit ici d'un ajout de 1780.
25 H80, t. III, livre XIII, chap. 2, p. 334.
26 H80, t. III, livre XIV, chap. 1-5, p. 510-522.
27 « Si le fisc devenait [...] plus sage et plus généreux en Danemark qu'il ne l'a été et qu'il ne l'est en aucun lieu du globe, les îles de Saint-Thomas, de Saint-Jean, de Sainte-Croix prospéreraient peut-être » (H80, t. III, livre XII, chap. 31, p. 325).

et ne crie encore dans le désert[28] » ; on a là une déploration qui, on le devine, ne pourra être atténuée que par l'éloge des vaincus.

Or, à l'instar de l'Européen, le Sauvage de l'*HDI*, et au premier chef l'Amérindien, « obéit moins à un souci ethnographique qu'à une nécessité pédagogique[29] ». Raynal et Diderot ont sur ce point le même avis : leur peinture du mode de vie amérindien est un ensemble équilibré de nature et de raison[30]. Ce modèle d'un homme sauvage en harmonie avec le monde et avec soi-même leur sert d'ailleurs pour soutenir la thèse d'une évolution corrompue par l'établissement des sociétés[31] ; c'est, en effet, « l'ignorance des sauvages qui a éclairé, en quelque sorte, les peuples policés[32] », car nous devons à la connaissance du « tableau de la vie et des mœurs des sauvages », « tous les progrès que la philosophie morale a faits parmi nous[33] ». Ainsi « Raynal doit-il présenter les Amérindiens comme des hommes encore libres, raisonnables et naturels, mais menacés, sinon minés, par des pouvoirs religieux et politiques en voie d'élaboration[34] ». Si, en effet, les Péruviens sont à protéger pour l'ancienneté de leur empire[35], les peuples du Nord, forts, libres et énergiques, le sont surtout pour la pureté de leur état naturel[36]. Les Sauvages deviennent, dès lors, le maillon d'une argumentation philosophique, même au prix de

---

28   H80, t. III, livre X, chap. 1, p. 3.

29   Pierre Berthiaume, « Raynal : rhétorique sauvage, l'Amérindien dans l'*Histoire des deux Indes* », in *L'Histoire des deux Indes : réécriture et polygraphie*, op. cit., p. 232.

30   Voir, entre autres, le passage sur la polygamie des peuples canadiens : « Rien ne leur paraît plus contraire aux lois de la nature et de la raison que le système opposé des chrétiens » (H80, t. IV, livre XV, chap. 4, p. 20).

31   « [...] depuis qu'on a vu que les institutions sociales ne dérivaient ni des besoins de la nature, ni des dogmes de la religion, puisque des peuples innombrables vivaient indépendants et sans culte, on a découvert les vices de la morale et de la législation dans l'établissement des sociétés » (H80, t. IV, livre XV, chap. 4, p. 38).

32   H80, t. IV, livre XV, chap. 4, p. 39.

33   H80, t. IV, livre XV, chap. 4, p. 38.

34   Pierre Berthiaume, « Raynal : rhétorique sauvage, l'Amérindien dans l'*Histoire des deux Indes* », art. cit., p. 234.

35   « Cet empire [...] fleurissait depuis quatre siècles » ; « [...] la bonne éducation veillait à la perpétuité des bonnes mœurs » (H80, t. II, livre VII, chap. 6, p. 138 et 140).

36   « [...] il est aisé de penser que de pareilles nations ne pouvaient pas être aussi douces, aussi faibles que celles du midi de l'Amérique. On éprouva qu'elles avaient cette activité, cette énergie qu'on trouve toujours chez les peuples du Nord [...]. [...] c'est chez ces peuples que les philosophes peuvent étudier l'homme de la nature » (H80, t. IV, livre XV, chap. 4, p. 15) ; et plus bas : « Quel mélange de vertus et de férocité ! Tout est grand chez ces peuples qui ne sont pas asservis. C'est le sublime de la nature dans ses horreurs et ses beautés » (H80, t. IV, livre XV, chap. 4, p. 34). Voir aussi, sur ce dernier passage, l'étude de Hans-Jürgen Lüsebrink publiée dans ce volume (« « Traduire » l'oralité – appel au pouvoir, dialogicité et prises de parole non-européennes dans l'*Histoire des deux Indes* »).

quelques transformations ethnographiques et/ou documentaires : le tableau des Indiens du Canada – de leur courage guerrier et de leurs liens d'amitié – n'est, par exemple, qu'une réécriture détournée de Charlevoix[37]. Concernant les mœurs guerrières, Raynal-Diderot peint des Sauvages dignes des plus vaillants héros grecs[38] ; la description des soldats est structurée de façon à suggérer une comparaison entre Ancien Monde et Nouveau Monde, et à faire ressortir les défauts du premier et les qualités du second :

> L'éloignement qu'ont les sauvages du Canada pour tout ce qui peut gêner leur indépendance, ne les a pas empêchés d'apercevoir la nécessité d'un chef militaire. Des capitaines les ont toujours menés au combat ; et dans la préférence qu'ils leur accordaient, la physionomie était consultée. Ce moyen de juger des hommes serait peut-être défectueux et ridicule *chez des peuples qui, formés dès l'enfance à contraindre leur air et tous leurs mouvements, n'ont plus de physionomie, sont pleins de dissimulation et de passions factices. Mais le premier coup-d'œil ne trompe guère les sauvages qui, guidés par la nature seule, en connaissent la marche.* Après l'air guerrier, on cherche une voix forte ; [...] rien n'est plus propre à sonner l'alarme, à donner le signal du combat, que la voix terrible d'un chef qui crie et frappe en même temps. Mais ce sont surtout les exploits qui nomment un général. Chacun a droit de vanter ses victoires, pour marcher le premier au péril ; de dire ce qu'il a fait pour prouver ce qu'il veut faire ; et les sauvages trouvent qu'un héros balafré, qui montre ses cicatrices, a très bonne grâce à se louer[39].

---

37   Pierre-François-Xavier de Charlevoix, *Histoire et description générale de la Nouvelle France*, Paris, Chez Rollin fils, 1744, t. I.

38   Le parallèle entre Sauvagerie et Antiquité n'était pas nouveau : partant d'Hérodote et suivant une thèse déjà avancée par Montaigne (*Essais*, livre I, chap. 34 ; livre III, chap. 6), le jésuite Joseph-François Lafitau, missionnaire au Canada, écrivait en 1724 : « Je ne me suis pas contenté de connaître le caractère des Sauvages et de m'informer de leurs coutumes et de leurs pratiques, j'ai cherché dans ces pratiques et dans ces coutumes des *vestiges* de l'Antiquité la plus reculée ; j'ai lu avec soin les plus anciens qui ont traité des mœurs, des lois et des usages des peuples dont ils avaient quelque connaissance ; j'ai fait la comparaison de ces mœurs les unes avec les autres, et j'avoue que si les auteurs anciens m'ont donné des lumières pour appuyer quelques conjectures heureuses touchant les Sauvages, les coutumes des Sauvages m'ont donné des lumières pour entendre plus facilement, et pour expliquer plusieurs choses qui sont dans les auteurs anciens » (Joseph-François Lafitau, *Mœurs des sauvages amériquains comparées aux mœurs des premiers temps*, Paris, Saugrain et Hochereau, 1724, t. I, p. 3). Voir aussi, sur cette question, François Hartog, *Anciens, Modernes, Sauvages*, Paris, Galaade Éditions, 2005.

39   H80, t. IV, livre XV, chap. 4, p. 30 (nous soulignons).

Se projetant dans le récit, en outre, les narrateurs de l'*HDI* vont jusqu'à donner voix à un Chef sauvage. Habilement inventée, cette apostrophe traduit ultérieurement leurs propos et a pour effet d'amplifier le portrait dichotomique esquissé dans le paragraphe précédent :

> Celui qui doit guider les autres dans le chemin de la victoire, ne manque jamais de les haranguer. « Camarades, dit-il, les os de nos frères sont encore découverts. Ils crient contre nous ; il faut les satisfaire. Jeunesse, aux armes ; remplissez vos carquois ; peignez-vous de couleurs funèbres qui portent la terreur. Que les bois retentissent de nos chants de guerre. Désennuyons nos morts par les cris de la vengeance. Allons nous baigner dans le sang ennemi, faire des prisonniers, et combattre tant que l'eau coulera dans les rivières, que l'herbe croîtra dans nos champs, que le soleil et la lune resteront fixés au firmament ».
>
> À ces mots, les braves qui brillent de courir les hasards de la guerre, vont trouver le chef, et lui disent : *Je veux risquer avec toi. Je le veux bien*, répond-il ; *nous risquerons ensemble*[40].

Ici, le mode énonciatif est « dialogique et polyvocal » ; pour s'adresser à ses lecteurs, l'écrivain s'approprie « poétiquement la position d'énonciation » de l'indigène qu'il invite à « venir s'exprimer dans ses pages[41] ». Le modèle rhétorique dominant est, dans ce cas de « surimpression », celui de la harangue militaire, à laquelle les membres de l'armée adhèrent complètement. Mais ces lignes sont aussi l'occasion de revenir sur le sens de la communauté et la bravoure des Canadiens et d'insister par là sur leur état naturel (« combattre tant que l'eau coulera dans les rivières, que l'herbe croîtra dans nos champs, que le soleil et la lune resteront fixés au firmament »). La suite du texte achève la confrontation entre Sauvages et Européens ; c'est le *moi* du philosophe qui reprend la parole pour tirer les conclusions :

> Mais comme on n'a sollicité personne, de peur qu'un faux point d'honneur ne fît marcher des lâches, il faut subir bien des épreuves avant d'être reçu soldat. Si le jeune homme qui n'a pas encore vu l'ennemi témoignait la moindre impatience, quand, après de longues diètes, on l'expose à l'ardeur du soleil, aux rudes gelées de la nuit, aux piqûres sanglantes des

---

40   H80, t. IV, livre XV, chap. 4, p. 30-31.
41   Nous empruntons ces remarques à l'étude effectuée par Mira Kamdar sur l'Inde de Diderot. Voir Mira Kamdar, « La fable de l'Inde : Diderot et le paradoxe sur l'*Histoire des deux Indes* », art. cit., p. 172-173.

insectes, on le déclarerait incapable, indigne de porter les armes. *Est-ce ainsi que se forment les milices de nos armées ? Quelle cérémonie triste ! Quel présage funeste !* Des hommes qui n'ont pu se dérober, par la fuite, à ces levées de troupes, ou s'y soustraire par des privilèges et de l'argent, se traînent l'œil baissé, le visage pâle et concerné, devant un délégué, dont les fonctions sont odieuses, et la probité suspecte aux peuples. [...] Non, ce n'est pas à ce prix qu'on fait de vrais soldats. Ce n'est pas dans cet appareil de deuil et de consternation que les sauvages se présentent à la victoire : c'est du milieu des festins, des chants, des danses, qu'ils se mettent en marche[42].

En dépit du témoignage de Charlevoix, qui ne prête aucune valeur affective aux relations amicales entre les Sauvages[43], la peinture de l'amitié chez ces nations n'est, enfin, pas moins digne de louange :

> Des liens plus durables encore chez les sauvages, ce sont ceux de l'amitié. [...] Chez les sauvages, l'amitié n'est jamais altérée par cette foule d'intérêts opposés qui, dans *nos sociétés*, affaiblissent toutes les liaisons, sans en excepter les plus douces et les plus sacrées. C'est là que le cœur d'un homme se choisit un cœur pour y déposer ses pensées, ses sentiments, ses projets, ses peines, ses plaisirs. Tout devient commun entre deux amis. Ils s'attachent pour jamais l'un à l'autre ; ils combattent à côté l'un de l'autre ; ils meurent constamment sur le corps l'un de l'autre[44].

On assiste, donc, dans les pages sur le Canada, à une « modélisation » de l'Amérindien qui répond aux exigences discursives de l'ouvrage : « Raynal évacue du discours sur le Sauvage tout ce qui peut paraître inintelligible dans son comportement et il place ainsi l'Autre au cœur d'une logique qui en fait un modèle humain[45] ».

La comparaison des peuples policés et des peuples sauvages, la façon dont elle s'inscrit dans le récit raynalien du livre XVII, est à considérer sous cette lumière ; sa teneur, en effet, concrétise l'obsession idéologique de Raynal-Diderot tout en étoffant le réseau polyphonique activé dans l'ouvrage.

---

42   H80, t. IV, livre XV, chap. 4, p. 31 (nous soulignons).
43   « [...] les Sauvages ne savent pas goûter les douceurs de l'amitié » (*Journal d'un voyage fait par ordre du roi dans l'Amérique septentrionale*, Paris, Chez Nyon fils, 1744, t. III, lettre XXI).
44   H80, t. IV, livre XV, chap. 4, p. 23-24 (nous soulignons).
45   Pierre Berthiaume, « Raynal : rhétorique sauvage, l'Amérindien dans l'*Histoire des deux Indes* », art. cit., p. 247.

La conclusion du parallèle mérite d'être citée ; c'est l'historien-moraliste qui, dans un élan passionné, s'adresse ici aux lecteurs de l'Ancien Monde :

> [...] le sentiment de l'indépendance étant un des premiers instincts de l'homme, celui qui joint à la jouissance de ce droit primitif, la sûreté morale d'une subsistance suffisante, est incomparablement plus heureux que l'homme riche environné de lois, de maîtres, de préjugés et de modes qui lui font sentir à chaque instant la perte de la liberté. *Comparer l'état des sauvages à celui des enfants, n'est-ce pas décider la question si fortement débattue entre les philosophes, sur les avantages de l'état de nature et de l'état social ?* Les enfants, malgré les gênes de l'éducation, ne sont-ils pas dans l'âge le plus heureux de la vie humaine ? Leur gaieté habituelle [...] n'est-elle pas le plus sûr indice du bonheur qui leur est propre ? *Après tout, un mot peut terminer ce grand procès. Demandez à l'homme civil s'il est heureux. Demandez à l'homme sauvage s'il est malheureux. Si tous deux vous répondent, NON, la dispute est finie.*
>
> *Peuples civilisés, ce parallèle est, sans doute, affligeant pour vous : mais vous ne sauriez ressentir trop vivement les calamités sous le poids desquelles vous gémissez.* Plus cette sensation vous sera douloureuse, et plus elle sera propre à vous rendre attentifs aux véritables causes de vos maux. Peut-être enfin parviendrez-vous à vous convaincre qu'ils ont leur source dans le dérèglement de vos opinions, dans les vices de vos constitutions politiques, dans les lois bizarres, par lesquelles celles de la nature sont sans cesse outragées[46].

La portée de ce discours peut se résumer dans une image que Diderot affectionne particulièrement, à savoir l'image du vieil Éson[47]. À l'instar de Médée qui rend la jeunesse au roi d'Iolcos en le dépeçant[48], une nation policée, suggère l'auteur, ne peut se régénérer qu'à travers un processus de dissolution[49]. Dans ce morceau d'éloquence, au caractère clairement extradiégétique, la voix de Diderot se soulève de la page pour ériger ses paroles en règle de morale : c'est l'univers « sauvage » qui prête encore une fois le flambeau au philosophe (« Comparer l'état des sauvages à celui des enfants, n'est-ce pas décider la question si fortement débattue entre les philosophes, sur les avantages de l'état

---

46   H80, t. IV, livre XVII, chap. 4, p. 181 (nous soulignons).
47   Sur la récurrence de ce mythe sous la plume de Diderot, voir Gianluigi Goggi, *De l'Encyclopédie à l'éloquence républicaine*, op. cit., p. 478-479 et 482-483.
48   Dans les *Métamorphoses* d'Ovide, Éson est rajeuni par la magicienne Médée, à la demande de son fils Jason.
49   Voir aussi H80, t. III, livre XI, chap. 4, p. 102.

de nature et de l'état social ? »), le modèle des Indiens postulant un nouveau « vivre » qui amènerait à repenser l'efficacité de nos systèmes.

C'est que, nous l'avons vu, Européens et Amérindiens participent, dans l'*HDI*, d'une « théâtralisation » qui les investit d'une fonction heuristique : tantôt en surgissant du récit, tantôt en s'exprimant sans détour, leurs portraits respectifs préconisent une histoire formative[50]. Les appels aux lecteurs, s'articulant à l'aide de ces figures, encouragent, quant à eux, une prise de conscience ; à la fois dans l'histoire et hors de l'histoire, ces êtres doubles se détachent des simples événements pour en tirer une leçon.

C'est par le biais de ce dédoublement que les Sauvages de l'*HDI* parviennent à « se postuler comme des voix idéales[51] » et, partant, comme des outils de transmission conceptuelle.

---

50 « L'*Histoire des deux Indes* de l'abbé Raynal, œuvre collective à laquelle Diderot contribua, faisait partie de ces ouvrages du XVIIIe siècle qui entendaient jouer un rôle dans la réforme des mœurs et des institutions » (Muriel Brot, « Diderot et Raynal : l'histoire au présent », in *Les Philosophes et l'histoire au XVIIIe siècle*, éd. Muriel Brot, Paris, Hermann, 2011, p. 309).

51 Audrey Guitton, *L'Autre lointain en dialogue, op. cit.*, p. 102.

Entre rythme et mutisme : la figure de l'Africain dans l'*Histoire des deux Indes* de 1780

Jonathan Camio

Résumé

À la faveur d'une étude approfondie de la centaine de pages consacrée à l'Afrique au sein de l'œuvre, cet article se propose d'analyser l'utilisation de la figure de l'Africain par l'abbé Raynal et par Diderot, contributeur principal des passages concernés. Au détour de considérations relatives à la traite ainsi qu'à l'esclavage, l'*Histoire des deux Indes* détaille une Afrique plurielle et hétéroclite, peuplée d'hommes fort différents, rarement décrits uniformément. Pour autant, une figure de l'Africain apparaît sous la plume du philosophe de Langres, coutumier de la prosopopée conjuguant exotisme et visées didactiques. Esquissant un archétype à la fois limité intellectuellement, immature mais – ou plutôt « donc » – profondément pur et bon, l'œuvre se prive de l'usage rhétorique d'un procureur africain apte à dresser le réquisitoire de l'Européen prédateur et vicié. Objet plutôt que sujet, oreille et pied – dansant – plutôt que bouche, l'Africain offre ainsi au philosophe une bien utile figure de martyr, à la fois mutique et propre à être libéré des chaînes que Diderot et Raynal entendent souvent dénoncer.

Abstract

Through an in-depth study of the some one hundred pages devoted to Africa in the *Histoire des deux Indes*, this article seeks to analyse the way in which the figure of the African is used by the abbé Raynal and by Diderot, the latter being the main contributor to this particular section. Writing about slavery and the slave trade, the *Histoire des deux Indes* describes a heterogeneous and multi-faceted Africa, populated by very different men and women, rarely if ever depicted as a single people. Still, the figure of the African can be found in Diderot's pages, the philosopher being famous for his love of exotic and didactic prosopopoeias. Describing an archetype of intellectually limited, immature but – or rather «therefore» – profoundly pure and good African, the work logically cannot use him as a rhetorical accuser against the predatory and malicious European. Object rather than subject, practically mute and restricted to the use of his ears and dancing feet, the African is presented rather as a martyr, his fetters serving the cause of liberty so often championed by Raynal and Diderot.

Choisissant pour titre *Histoire philosophique et politique des établissements et du commerce des Européens dans les deux Indes*, l'abbé Raynal semblait réserver les honneurs de son *magnum opus* aux seuls continents américain et asiatique, particulièrement en faveur aux yeux de l'Ancien Monde de cette fin de XVIIIe siècle. Il appert pourtant que l'Afrique n'est nullement négligée par l'ouvrage, une centaine de pages y étant consacrées en son mitan[1]. L'emplacement même de ce long passage permet à la fois d'en justifier la pertinence et d'apprécier l'ambition globalisante de l'*HDI*, puisqu'il s'insère entre les récits des premières conquêtes européennes aux Amériques, de même qu'il s'intitule : « Les Européens vont acheter en Afrique des cultivateurs pour les Antilles. Manière dont se fait ce commerce. Productions dues aux travaux des esclaves ».

Si c'est donc par l'intermédiaire de la traite et de l'esclavage que la figure de l'Africain fait son entrée dans l'œuvre, celle-ci ne se borne pas – comme se figurerait peut-être un lecteur peu familier de l'approche raynalienne – à quelque rapide présentation de l'ignoble commerce, de ses bénéficiaires et de ses victimes. Principalement confié à Diderot, ce onzième livre offre au contraire une longue description du continent africain et de ses habitants, le plus souvent détachée de la problématique de la traite, quoique celle-ci soit dès l'exorde nettement condamnée puisque qualifiée de commerce « révoltant » tout comme ceux qui la pratiquent de « barbares[2] ». Nous le verrons, l'œuvre prend soin de distinguer régions et peuples africains, soulignant parfois d'importantes différences entre ces derniers, résistant ainsi à une tentation globalisante, par ailleurs également déjouée lorsque le Naturel américain se trouvera convoqué à son tour[3].

Pour autant il ne paraît pas hors de propos de réfléchir à l'usage rhétorique et philosophique de la figure de l'Africain dans l'*HDI*, d'une part car elle semble s'insérer à dessein au cœur de la structure polyphonique de l'œuvre et d'autre part car elle témoigne de conceptions archétypales de l'aventure éditoriale menée à bien par Raynal.

Comme il le fait à propos de l'Amérique, l'ouvrage de l'abbé donne donc à voir un continent africain hétéroclite, son étude s'inscrivant à la fois dans l'ambition scientifique de l'entreprise mais également au cœur d'une démonstration philosophique dont nous aurons à reparler. Entamons l'approche par ce

---

1 Il s'agit là de l'essentiel du livre XI, figurant au tome III de l'*HDI* dans sa version *in-quarto* de 1780 (Genève, Jean-Léonard Pellet, 4 vol.). Cette dernière (H80) sera notre édition de référence pour l'ensemble de notre contribution.
2 H80, t. III, livre XI, chap. 1, p. 91-92. L'orthographe de nos citations est modernisée.
3 Sur cette question il peut être utile de consulter Jonathan Camio, « L'abbé Raynal et la Dispute du Nouveau Monde. Le cas de l'*Histoire des deux Indes* en 1770 », in *Raynal et ses réseaux*, éd. Gilles Bancarel, Paris, Honoré Champion, 2011, p. 307-319.

qui occupe la majeure partie de ce détour africain dans l'œuvre : la description minutieuse d'une Afrique plurielle et de peuples fort distincts. S'il serait sans doute fastidieux de reprendre ici l'ensemble des éléments soumis à l'analyse méthodique des auteurs, dégageons quelques exemples révélateurs de raisonnements plus généraux.

À propos de l'aspect physique des Africains, sans échapper à des généralisations forcément abusives, l'*HDI* se fait fort de distinguer les peuples d'apparence gracieuse de leurs concurrents moins gâtés, par exemple la physionomie « assez agréable » des habitants de la Côte d'Or (entre les actuels Ghana et Bénin) s'oppose à la « laideur naturelle » des hommes que l'on rencontre le long du fleuve Niger[4]. Une distinction moins esthétique est également opérée quant aux corps des Africains, particulièrement intéressante car associée à leur capacité de travail, thème récurrent dans l'ouvrage de Raynal. Ainsi on trouvera aux abords du Niger d'excellents domestiques, pourvu que leurs maîtres sachent y faire, néanmoins trop grands pour les travaux des champs : « [...] ils ne sont pas bons cultivateurs. Leur corps n'est pas accoutumé à se courber et à s'incliner vers la terre pour la défricher[5] ». Opportunément, d'autres peuples situés plus à l'Est paraissent davantage aptes aux besognes agricoles, le lecteur profitant ainsi d'une expertise fort utile s'il envisage quelque implantation sur ce continent, la colonisation n'étant – au contraire de la traite et de l'esclavage – dénoncée que par le prisme de la forme et non ontologiquement par les auteurs.

Les considérations relatives à la beauté des femmes africaines semblent de même traduire efficacement quelques *topoï* édifiants, tout en illustrant la subtilité de la démarche entreprise. Si, là encore, ce qui va suivre ne dessine guère une sorte de modèle archétypal de la féminité africaine – auquel certains lettrés du siècle des Lumières sont accoutumés – il n'est pas impossible d'y saisir d'importantes pistes de réflexion :

> Sur les bords du Niger, les femmes sont presque toutes belles ; si ce n'est pas la couleur, mais la justesse des proportions qui fait la beauté. Modestes, tendres et fidèles, un air d'innocence règne dans leurs regards et leur langage se sent de leur timidité[6].

Ces quelques lignes témoignent d'une part de l'inscription de l'*HDI* au cœur d'un courant littéraire prompt à vanter les charmes d'une beauté perçue comme exotique, illustrant un libéralisme de vues prompt à diviser un lectorat

---

4 H80, t. III, livre XI, chap. 15, p. 140 et 141.
5 H80, t. III, livre XI, chap. 15, p. 140.
6 H80, t. III, livre XI, chap. 15, p. 139.

non encore rompu aux débats autour de la « Vénus hottentote[7] ». Il est d'autre part possible d'y relever l'usuel raccordement opéré entre caractère et traits physiques, cher aux descriptions proposées par Raynal et ses co-auteurs, quoiqu'il nous semble plus intéressant encore de souligner les qualités presque enfantines prêtées ici à ces femmes, thématique fil-rouge des pages consacrées aux Africains, comme il sera exposé plus loin.

La même approche permet d'aborder les différences de caractères entre peuples africains, les auteurs se faisant fort de ne pas présenter ces derniers en une sorte d'ensemble indifférencié, notant par exemple qu'en Côte d'Or « ce peuple a une disposition à la gaieté qu'on ne remarque pas dans les nations voisines[8] ». La question des aptitudes mais aussi de l'ardeur au travail fait de même l'objet de régulières distinctions, l'inaction des hommes de Guinée – que l'ouvrage oppose à leurs valeureuses et travailleuses femmes – ne pouvant se comparer au « goût pour le travail » des peuples de Côte d'Or[9].

L'explication de ces dissimilitudes fondamentales entre peuples africains nous paraît illustrer la théorie plus générale adoptée par l'ouvrage quant aux influences du climat sur les organisations sociales et le caractère des peuples, souvent mise à contribution lorsque sont abordés les différents peuples américains. Certains passages relatifs aux effets des climats chauds rappellent sans surprise *L'esprit des lois*[10] :

> D'ailleurs la nature plus impérieuse sous la Zone Torride que sous les Zones tempérées, laisse moins d'actions aux influences morales : les hommes s'y ressemblent davantage, parce qu'ils tiennent tout d'elle et presque rien de l'art[11].

Pour autant et à maintes reprises, l'influence du climat semble pouvoir être corrigée par l'action de l'homme, à laquelle l'*HDI* offre la prépondérance quant aux origines de la plupart des comportements sociaux. À ce titre, les Européens, en Afrique comme en Amérique, sont souvent la cause des carences ou déficiences reprochées aux peuples naturels[12]. Ainsi règne-t-il en Guinée

---

7   Voir, sur ces questions, François-Xavier Fauvelle, *L'Invention du Hottentot. Histoire du regard occidental sur les Khoisan (XVe-XIXe siècle)*, Paris, Publications de la Sorbonne, 2002, et, du même auteur, *À la recherche du sauvage idéal*, Paris, Seuil, 2017.
8   H80, t. III, livre XI, chap. 15, p. 141.
9   Voir H80, t. III, livre XI, chap. 15, p. 139 et 141.
10 Montesquieu, *L'esprit des lois*, Genève, Barillot & fils, 1748.
11 H80, t. III, livre XI, chap. 15, p. 143.
12 Voir, sur ce point, Jonathan Camio, *Influence du climat et pouvoir de l'homme dans l'Histoire des deux Indes*, mémoire réalisé sous la direction de Zacarias Moutoukias et Marie-Noëlle Bourguet, Université Paris-Diderot, 2008.

« une grande indifférence pour les richesses », exception faite « des côtes où nos brigandages ont formé des brigands[13] », exemple parmi tant d'autres de l'influence néfaste des Européens, principaux responsables de tares qu'ils reprochent eux-mêmes aux Africains.

S'il s'attache ainsi à décrire les peuples du continent en une multitude de nations aux caractères, mœurs et coutumes différents, l'ouvrage n'en résiste pas moins pour autant à la tentation d'établir une sorte de portrait impressionniste de la figure africaine sur lequel il paraît intéressant de réfléchir. Par petites touches se dessine donc au fil des « pages africaines » l'image contrastée d'une altérité à la bonté exaltée, presque opposée à de sérieuses limitations intellectuelles, techniques et artistiques.

Le désintéressement et la générosité de différents peuples africains sont par exemple décrits à plusieurs reprises, occasions pour les auteurs de les opposer à la pingrerie européenne[14] :

> Rarement les plus sages même songent-ils au jour qui doit suivre ; aussi l'hospitalité est-elle la vertu de tous. Celui qui ne partagerait pas avec ses voisins, ses parents et ses amis ce qu'il rapporterait de la chasse ou de la pêche, s'attirerait le mépris public. Le reproche d'avarice est au-dessus de tous les reproches. On le fait aux Européens qui ne donnent rien pour rien, en les appelant *des mains fermées*[15].

De même le lecteur se trouve plus loin gratifié d'une anecdote dont le but n'est autre que celui, avoué d'emblée, de corriger l'image peu vertueuse souvent conférée aux peuples d'Afrique. Il s'agit de l'histoire d'un chirurgien anglais hébergé par un certain Cudjoc, qualifié « d'hôte généreux » mais également décrit fort à son avantage car il parvient à calmer le courroux de villageois venus se venger sur son invité d'atrocités commises par des Européens quelques heures auparavant, ces derniers une fois de plus souffrant de la comparaison avec de rationnels et hospitaliers Africains.

Si l'ouvrage leur prête donc de réelles qualités de cœur, leurs capacités intellectuelles ne bénéficient guère des mêmes appréciations, tout comme leurs réalisations artistiques ou sociales. Si leurs mœurs sont décrites avec une

---

13   H80, t. III, livre XI, chap. 15, p. 139.
14   Le même mécanisme revient lorsqu'il s'agit d'opposer, plus généralement, les Sauvages aux Européens. Voir, dans ce volume, l'article de Pierino Gallo, « Le Philosophe, l'Européen et le Sauvage ».
15   H80, t. III, livre XI, chap. 15, p. 139 (c'est l'auteur qui souligne).

relative bienveillance – polygamie jugée rare, guerres simples et justes, système d'ambassades relativement efficient[16] – un passage permet d'appréhender la matrice fondamentale des peuples africains tels que perçus par Raynal et Diderot :

> Les arts sont peu de choses dans ces régions. On n'y connait que ceux qui se trouvent dans les sociétés naissantes, et encore sont-ils dans l'enfance[17].

Ainsi mise au jour, la caractéristique première des peuples africains offre une double explication qu'il convient d'exposer ici. D'une part parce que l'*HDI* rapproche ainsi Américains et Africains, unis par leur relative jeunesse, à la fois propice aux manipulations européennes et raison première de ce que l'œuvre peut décrire de retards technologiques, intellectuels et artistiques. D'autre part la figure de l'Africain trouve ici ses limites rhétoriques, contrariant sans doute quelque peu l'usage souhaité par des auteurs dont on connaît le goût de la polyphonie et de la prosopopée.

Nous l'avons évoqué, nombreuses sont les descriptions de peuples africains permettant par un plus ou moins subtil effet de miroir, une peinture peu flatteuse des Européens, particulièrement s'ils sont impliqués dans la traite, l'esclavage ou la colonisation, qu'il s'agit pour les auteurs de réformer afin d'en tirer meilleur parti tout en améliorant le sort des population autochtones. Pour autant, la parole n'est jamais directement offerte à cette figure de l'Africain, dont le lecteur d'aujourd'hui attendrait légitimement de Diderot la mise en forme de l'expression directe, tant le natif de Langres manie le procédé avec habileté[18].

Réticent à le rendre pleinement sujet, l'ouvrage s'appuie davantage sur un Africain-objet, défendu par le philosophe dont il ne saurait être un double, si ce n'est comme création enfantine et innocente. Plusieurs passages illustrent cette approche certes d'abord stylistique mais aussi philosophiquement constitutive de l'œuvre. Si l'apostrophe directe au lecteur demeure fréquemment utilisée, le dialogue ne s'engage qu'entre ce dernier et le philosophe ou bien, lors

---

16 H80, t. III, livre XI, chap. 12, p. 133-134.
17 H80, t. III, livre XI, chap. 15, p. 137.
18 On pense au personnage d'Orou dans le *Supplément au voyage de Bougainville* ; d'autres contemporains usent également du procédé comme Voltaire dans *L'Ingénu* ou Joseph Lavallée dans *Le nègre comme il y avait peu de blancs*. Voir, à propos du *Supplément* de Diderot, Pierino Gallo, « Enjeux du dialogue et écriture polyphonique dans le *Supplément au Voyage de Bougainville* », *Studi Francesi*, n° 186, 2018, p. 425-432.

du long réquisitoire contre la traite, entre l'auteur – ici Diderot dont on reconnaît la flamboyance – et un imaginaire avocat de l'affreux commerce[19].

Nous assistons ainsi au parfait retournement rhétorique de la prosopopée classique mentionnée plus haut : non seulement l'Africain ne saurait être la bouche par laquelle s'exprime le philosophe mais ce dernier devient au contraire son porte-parole, usant de toute son éloquence afin de défendre les droits, bientôt qualifiés de « naturels[20] », de peuples trop jeunes pour se révolter.

À défaut du villageois, deux autres types de personnages pouvaient pourtant prétendre à une tribune au sein de l'*HDI*. David Diop a rappelé dans un ouvrage récent[21] l'usage régulier de la figure de l'interprète africain dans bon nombre de récits de voyage de l'époque, notant de même sa réputation de duplicité, peu propice donc à servir les desseins de Diderot. Ce dernier n'en appellera pas davantage aux services du puissant chef – qui semble pourtant bénéficier d'un crédit de maturité en comparaison des autres Africains – comme le fera en 1792 Florian pour sa nouvelle *Sélico*, par l'intermédiaire du discours direct prêté au roi local[22].

Pour autant l'Africain-objet ne se voit pas complètement privé de tout moyen d'expression, son état d'immaturité supposée ne l'empêchant par exemple pas, à défaut de son langage, de communiquer par la grâce de son corps. On le sait, Diderot distingue la musique des autres arts en ce qu'elle « parle plus fortement à l'âme[23] », les Africains illustrant admirablement cette théorie sous sa plume. Un passage épidictique du tome III de l'*HDI* glorifie ainsi non seulement les chants africains et plus encore leurs danses, mais également leur sens du rythme et leur « oreille si juste[24] », qu'il suggère par la suite[25] d'exploiter afin d'administrer plus efficacement les colonies.

Quelques pages plus loin le philosophe rend un hommage volontiers provocateur à un tout autre type d'expression corporelle, particulièrement bien maîtrisé des Africaines : « les plus brûlants transports », pour lesquels Diderot leur

---

19   H80, t. III, livre XI, chap. 24, p. 195-205.
20   Sur cette question on peut se rapporter aux premières pages de Florence Gauthier, *Triomphe et mort du droit naturel en Révolution*, Paris, PUF, 1992.
21   David Diop, *Rhétorique nègre au XVIIIᵉ siècle. Des récits de voyage à la littérature abolitionniste*, Paris, Classiques Garnier, 2018.
22   *Sélico, nouvelle africaine*, cité par David Diop, *Rhétorique nègre au XVIIIᵉ siècle, op. cit.*, p. 293.
23   Denis Diderot, *Additions à la Lettre sur les sourds et muets* (1749), cité par Hélène Cussac in « Espace et bruit, le monde sonore dans la littérature du XVIIIᵉ siècle », *L'Information littéraire*, vol. 58, 2006/2, p. 46-50.
24   H80, t. III, livre XI, chap. 23, p. 182.
25   H80, t. III, livre XI, chap. 23, p. 183.

prête une « facilité de satisfaire sans contrainte et sans assiduité ce penchant insurmontable[26] ». Cette supposée faculté, loin de demeurer anecdotique, doit permettre, lorsqu'elle est exploitée, quelques avancées en faveur de la cause qu'il espère défendre, profitant comme souvent de l'occasion afin de moquer ses contemporaines :

> Aussi se vengent-elles, pour ainsi dire, de la dépendance humiliante de leur condition, par les passions désordonnées qu'elles excitent dans leurs maîtres ; et nos courtisanes en Europe n'ont pas mieux que les esclaves négresses l'art de consumer et de renverser de grandes fortunes[27].

À l'instar de l'iconographie abolitionniste de la fin du Siècle des Lumières, notamment étudiée par David Diop[28], l'*HDI* semble donc circonscrire l'usage de la figure de l'Africain en première instance à son corps, arme rhétorique aux allures de prosopopée muette.

La figure du « Noir Nature[29] » régulièrement dépeinte dans l'ouvrage, de cet enfant africain prompt à subir toute influence, si elle n'empêche l'expression de son corps, limite ainsi excessivement d'éventuels usages didactiques directs de la part de Diderot ou de Raynal.

Si le premier ne se prive d'attendre une révolution ni même d'espérer l'apparition quasi messianique du héros africain qui soulèvera les foules[30], il semble poser comme préalable nécessaire la réforme d'un système colonial empêchant toute forme de progrès intellectuel des oppressés. Le cœur de ce tome III offre donc à discerner la subtile distribution des rôles imaginée par l'*HDI* : trop immature pour s'exprimer autrement que par son corps – même au profit d'un effet rhétorique – l'Africain peut s'appuyer sur le philosophe, porte-parole avisé de sa cause auprès des Européens mais également héraut de temps à venir dont il entend aviser les oppressés eux-mêmes.

En affranchissant le lecteur de ce qui leur semble essentialiser l'Africain du Siècle des Lumières tout en limitant l'usage rhétorique de son enfantine et pure figure, Diderot et Raynal semblent *in extenso* contribuer à l'édification du lettré de l'époque quant aux ambitions philosophiques et politiques de leur grand œuvre. Entreprise assurément polyphonique, l'*HDI* n'en brille pas moins par sa cohérence et son intertextualité, illustrées, nous l'avons vu, par un détour africain particulièrement probant.

---

26   H80, t. III, livre XI, chap. 23, p. 186 pour ces deux extraits.
27   H80, t. III, livre XI, chap. 23, p. 186.
28   David Diop, *Rhétorique nègre au XVIIIe siècle, op. cit.*, p. 311-323.
29   Carminella Biondi, « Introduction », in Joseph Lavallée, *Le Nègre comme il a peu de blancs*, Paris, L'Harmattan, 2014, p. vii-xxxvi.
30   H80, t. III, livre XI, chap. 24, p. 204-205.

Orientation bibliographique

I   **Principales éditions de l'*Histoire des deux Indes*[1]**

Histoire philosophique et politique des établissemens et du commerce des Européens dans les deux Indes, Amsterdam, 1770, 6 vol. in-8°.
Histoire philosophique et politique des établissemens et du commerce des Européens dans les deux Indes, La Haye, Gosse fils, 1774, 7 vol. in-8°.
Histoire philosophique et politique des établissemens et du commerce des Européens dans les deux Indes, Genève, Jean-Léonard Pellet, 1780, 4 vol. et atlas, in-4°.
Histoire philosophique et politique des établissements et du commerce des Européens dans les deux Indes, Paris, Amable Costes et Cie, 1820, 12 vol. in-8° et un atlas in-4°.
Histoire philosophique et politique des établissements et du commerce des Européens dans les deux Indes, édition critique, dir. Anthony Strugnell, Andrew Brown, Cecil Patrick Courtney, Georges Dulac, Gianluigi Goggi, Hans-Jürgen Lüsebrink, Ferney-Voltaire, Centre International d'Étude du XVIIIe siècle, 2010-.

II   **Études critiques portant sur les figures de l'auteur et la polyphonie dans l'*Histoire des deux Indes***

Ansart, Guillaume, « From Voltaire to Raynal and Diderot's Histoire des deux Indes: The French Philosophes and Colonial America », in *America Through European Eyes: British and French Reflections on the New World from the Eighteenth Century to the Present*, éd. Aurelian Craiutu et Jeffery C. Isaac, University Park (PA), Penn State University Press, 2009, p. 71-90.
Ansart, Guillaume, « Variations on Montesquieu: Raynal and Diderot's *Histoire des deux Indes* and the American Revolution », *Journal of the History of Ideas*, vol. 70, n° 3, 2009, p. 399-420.
*Autour de l'abbé Raynal : genèse et enjeux politiques de l'*Histoire des deux Indes, éd. Antonella Alimento et Gianluigi Goggi, Ferney-Voltaire, Centre International d'Étude du XVIIIe siècle, 2018.
Benot, Yves, *Diderot, de l'athéisme à l'anticolonialisme*, Paris, Maspéro, 1981 (voir surtout p. 162-259).

---

[1] La bibliographie sur Raynal et sur l'*Histoire des deux Indes* étant très vaste, nous avons décidé de signaler ici uniquement les études (ouvrages et articles) ayant quelque rapport avec les sujets traités dans ce volume.

Benot, Yves, « Diderot, Pechméja, Raynal et l'anticolonialisme », *Europe*, n° 406, 1963, p. 137-153.

Benot, Yves, *Les Lumières, l'esclavage, la colonisation*, éd. Roland Desné et Marcel Dorigny, Paris, Éditions La Découverte, 2005 (voir surtout p. 107-195).

Brot, Muriel, « Diderot et Raynal : l'histoire au présent », in *Les Philosophes et l'histoire au XVIIIe siècle*, éd. Muriel Brot, Paris, Hermann, 2011, p. 309-335.

Brot, Muriel, « Écrire et éditer une histoire philosophique et politique : l'*Histoire des deux Indes* de l'abbé Raynal (1770-1780) », *Outre-Mers*, CIII, 386-387, 2015, p. 9-28.

Brot, Muriel, « Le rôle des administrateurs coloniaux dans l'écriture de l'*Histoire des deux Indes* », in *Enquête sur la construction des Lumières*, éd. Franck Salaün et Jean-Pierre Schandeler, Ferney-Voltaire, Centre International d'Étude du XVIIIe siècle, 2018, p. 61-78.

Diop, David, *Rhétorique nègre au XVIIIe siècle. Des récits de voyage à la littérature abolitionniste*, Paris, Classiques Garnier, 2018 (voir surtout, sur l'*Histoire des deux Indes*, p. 275-348).

Duchet, Michèle, « Bougainville, Raynal, Diderot et les sauvages du Canada. Une source ignorée de l'*Histoire des Deux Indes* », *RHLF*, n° 63, 1963, p. 228-236.

Duchet, Michèle, *Diderot et l'*Histoire des deux Indes *ou l'écriture fragmentaire*, Paris, A.-G. Nizet, 1978.

Duchet, Michèle, « L'Indien d'Amérique dans l'*Histoire des deux Indes* de l'abbé Raynal », in *L'« Indien », instance discursive*, éd. Antonio Gómez-Moriana et Danièle Trottier, Candiac, Éditions Balzac, 1993, p. 249-256.

Gallo, Pierino, « Discours historique et discours philosophique : l'Amérique espagnole de Raynal », *RZLG*, vol. XLI, 3-4, 2017, p. 353-365.

Gallo, Pierino, « Une source "philosophique" de l'*Histoire des deux Indes* (1780) : *Les Incas* de Jean-François Marmontel », *DHS*, n° 49, 2017, p. 677-692.

Goggi, Gianluigi, *De l'*Encyclopédie *à l'éloquence républicaine. Étude sur Diderot et autour de Diderot*, Paris, Honoré Champion, 2013 (voir surtout p. 565-614).

Goggi, Gialuigi, « Diderot-Raynal et quelques autres historiens des deux Indes face aux Créoles et aux Sauvages », *Diderot Studies*, vol. 32, 2012, p. 47-78.

Goggi, Gianluigi, « La collaboration de Diderot à l'*Histoire des deux Indes* : l'édition de ses contributions », *Diderot Studies*, vol. 33, 2013, p. 167-212.

Goggi, Gianluigi, « L'image d'ouverture de l'*Histoire des deux Indes* », in *Le Langage politique de Diderot*, éd. Franck Salaün, Paris, Hermann, 2014, p. 21-47.

Guitton, Audrey, *L'Autre lointain en dialogue. La quête de la voix idéale au siècle des Lumières*, Paris, Classiques Garnier, 2012 (voir surtout p. 11-36).

*L'*Histoire des deux Indes *et quelques débats du dix-huitième siècle*, éd. Anthony Strugnell, *SVEC* 2003:07, p. 117-245.

[Voir surtout, dans ce recueil d'articles : Gianluigi Goggi, « L'*Histoire des deux Indes* et l'éloquence politique », p. 123-161, et Hans-Jürgen Lüsebrink, « La critique de la colonisation espagnole dans l'*Histoire des deux Indes* – discours, enjeux et intertexte », p. 203-213.]

*L'*Histoire des deux Indes *: réécriture et polygraphie*, éd. Hans-Jürgen Lüsebrink et Anthony Strugnell, Oxford, Voltaire Foundation, 1995.

[Voir surtout, dans ce volume : Olga Penke, « Les figures du narrateur et du destinataire dans l'*Histoire des deux Indes* », p. 69-78 ; Pierre Berthiaume, « Raynal : rhétorique sauvage, l'Amérindien dans l'*Histoire des deux Indes* », p. 231-249 ; Gianluigi Goggi, « La méthode de travail de Raynal dans l'*Histoire des deux Indes* », p. 325-356 ; Stéphane Pujol, « Les formes de l'éloquence dans l'*Histoire des deux Indes* », p. 357-369 ; Ottmar Ette, « Diderot et Raynal : l'œil, l'oreille et le lieu de l'écriture dans l'*Histoire des deux Indes* », p. 385-407 ; Caroline Jacot, « Diderot, Raynal et la figure du paria », p. 423-434.]

Kamdar, Mira, « La fable de l'Inde : Diderot et le paradoxe sur l'*Histoire des deux Indes* », in *L'Inde des Lumières. Discours, histoire, savoirs (XVIIe-XIXe siècle)*, éd. Marie Fourcade et Ines G. Županov, Paris, Éditions de l'EHESS, 2013, p. 165-188.

Khadhar, Hédia, *Les Lumières et l'Islam. Quelle altérité pour demain ?*, Paris, L'Harmattan, 2018 (voir surtout p. 121-134).

*Lectures de Raynal : l'*Histoire des deux Indes *en Europe et en Amérique au XVIIIe siècle*, éd. Hans-Jürgen Lüsebrink et Manfred Tietz, Oxford, Voltaire Foundation, 2014 [1991].

[Voir surtout, dans ce volume : Michèle Duchet, « L'*Histoire des deux Indes* : sources et structures d'un texte polyphonique », p. 9-15 ; Gianluigi Goggi, « Quelques remarques sur la collaboration de Diderot à la première édition de l'*Histoire des deux Indes* », p. 17-52 ; Michel Delon, « L'appel au lecteur dans l'*Histoire des deux Indes* », p. 53-66.]

Lüsebrink, Hans-Jürgen, « Enzyklopädismus als "Sprache der Freiheit". Funktionspotential und Textstrategien von Guillaume-Thomas Raynals *Histoire Philosophique et Politique des Etablissements et du Commerce des Européens dans les Deux Indes* am Beispiel des Afrikabuches », in *Literatur und Kolonialismus I. Die Verarbeitung der kolonialen Expansion in der europäischen Literatur*, éd. Wolfgang Bader et János Riesz, Frankfurt/M., Bern, Peter Lang, 1983, p. 175-198.

Lüsebrink, Hans-Jürgen, « Introduction », in *L'Adresse à l'Assemblée nationale (31 mai 1791) de Guillaume-Thomas Raynal. Positions, polémiques, répercussions*, éd. Hans-Jürgen Lüsebrink, Paris, Société Française d'Étude du Dix-huitième Siècle, 2018, p. 7-50.

Lüsebrink, Hans-Jürgen, « Lexicologie et pragmatique historique du texte : questionnements à partir de l'*Histoire des deux Indes* de Raynal », in *Traitements informatiques de textes du XVIIIe siècle*, Paris, Institut National de la Langue Française ENS de Saint-Cloud, 1984, p. 123-144.

Lüsebrink, Hans-Jürgen, « "Lumières" et "ténèbres" dans le discours philosophique et historiographique du XVIIIe siècle : l'exemple de l'*Histoire des deux Indes* », in *Enquête sur la construction des Lumières*, éd. Franck Salaün et Jean-Pierre Schandeler, Ferney-Voltaire, Centre International d'Étude du XVIIIe siècle, 2018, p. 47-60.

Mercier, Roger, « L'Amérique et les Américains dans l'*Histoire des deux Indes* de l'abbé Raynal », *Outre-Mers*, n° 240, 1978, p. 309-324.

Moureau, François, « L'abbé Raynal et la fabrication d'un best-seller : de l'agent d'influence à l'apôtre », *DHS*, n° 43, 2011, p. 541-555.

Ohji, Kenta, « Un événement singulier, ou le "romanesque" en marge de l'histoire. À propos des aventures des flibustiers dans l'*Histoire des deux Indes* de Raynal/ Diderot », in *Comment la fiction fait l'histoire : emprunts, échanges, croisements*, éd. Noriko Taguchi, Paris, Honoré Champion, 2015, p. 54-68.

Raynal, de la polémique à l'histoire, éd. Gilles Bancarel et Gianluigi Goggi, Oxford, Voltaire Foundation, 2000.

[Voir surtout, dans ce volume : Muriel Brot, « La collaboration de Saint-Lambert à l'*Histoire des deux Indes* : une lettre inédite de Raynal », p. 99-107 ; Eliane Martin-Haag, « Diderot, interprète de Raynal », p. 187-195 ; Jean-Claude Halpern, « L'Africain de Raynal », p. 235-241 ; Ottmar Ette, « "Le tour de l'univers sur notre parquet" : lecteurs et lectures dans l'*Histoire des deux Indes* », p. 255-272.]

Raynal et ses réseaux, éd. Gilles Bancarel, Paris, Honoré Champion, 2011.

Raynal's Histoire des deux Indes*: colonialism, networks and global exchange*, éd. Cecil Courtney et Jenny Mander, Oxford, Voltaire Foundation, 2015.

[Voir surtout, dans ce volume : Gilles Bancarel, « Écriture et information : aux sources du réseau de Raynal », p. 137-148 ; Susanne Greilich, « "Et moi suis-je sur des roses ?" : l'*Histoire des deux Indes* entre l'historiographie espagnole, *leyenda negra* et discours anticolonial », p. 175-185 ; Ursula Haskins Gonthier, « The "Supplément au *journal* de Bougainville": representations of Native Canadians in the *Histoire des deux Indes* », p. 187-197.]

Raynal. Un regard vers l'Amérique, éd. Gilles Bancarel et Patrick Latour, Paris, Éditions des Cendres & Bibliothèque Mazarine, 2013.

[Voir surtout, dans ce volume : Gilles Bancarel, « Raynal, l'*Histoire des deux Indes* et l'Amérique », p. 27-33, et « Raynal, les droits de l'Homme et l'esclavage », Introduction par Marcel Dorigny, p. 131-136.]

Strugnell, Anthony, « Fable et vérité : stratégies narratives et discursives dans les écrits de Diderot sur le colonialisme », *Recherches sur Diderot et sur l'Encyclopédie*, n° 30, 2001, p. 35-46.

Van der Cruysse, Dirk, « L'exotisme pluriel de Raynal : le discours exotique dans l'*Histoire des deux Indes* », *French Literature Series*, n° 13, 1986, p. 13-27.

Wolpe, Hans, *Raynal et sa machine de guerre. L'*Histoire des deux Indes *et ses perfectionnements*, Stanford, Stanford University Press, 1957.

Index

Abbattista, Guido   54n
Agnani, Sunil M.   20n
Aidat, Erwan   2, 20n, 23n, 29n
Alberoni, Giulio   82
Albertone, Manuela   6, 6n
Alembert, Jean Le Rond d'   83, 89n
Alimento, Antonella   6n, 20n, 54n
Almagro, Diego de   71
Almodóvar, voir Luján Suárez Góngora, Pedro, duc d'
Andries, Lise   29n, 39n
Anglería, Pedro Mártir de   70, 70n
Aristote   96
Atahualpa   71n
Aymes, Jean-René   68n

Bachaumont, Louis Petit de   8
Baker, Polly   86
Balboa, Vasco Núñez de   70n, 103
Bancarel, Gilles   7n, 54n, 86n, 101n, 113n
Baudoin, Jean   43n
Bayle, Pierre   87, 87n
Beaulieu, Alain   93n
Benot, Yves   6n, 15, 15n, 16, 65n
Benrekassa, Georges   101n
Berthiaume, Pierre   106n, 109n
Bertrand, Alienòr   44n, 51n
Biondi, Carminella   119n
Bobadilla, Francisco de   72
Bolívar, Simón   84
Bougainville, Louis-Antoine de   8n, 12, 13n, 15n, 86, 91, 93, 93n, 104n, 117n
Bouguer, Pierre   46, 46n
Bourguet, Marie-Noëlle   115n
Brigneau, François   17
Brot, Muriel   9n, 14n, 29, 29n, 39, 39n, 111n
Brown, Andrew   56n, 90n
Bry, Théodore de   70
Buffon, Georges-Louis Leclerc, comte de   46, 47, 75, 75n
Buti, Gilbert   24n, 26n

Camio, Jonathan   3, 95n, 113n, 115n
Campillo, José de   82

Campomanes, Pedro Rodríguez de   68, 81, 82
Cañizares-Esguerra, Jorge   45n
Carvajal, Francisco de   71
Casanova, Giacomo   69, 69n
Cassiodore   104
Castres, Antoine Sabatier de   68
Catherine II, impératrice de Russie   15
Charles III   68, 69, 69n, 82
Charlevoix, Pierre-François-Xavier de   103n, 107, 107n, 109
Cloots, Anacharsis   9, 10n
Colomb, Christophe   1, 42, 70, 71, 72
Condorcet, Marie Jean Antoine Nicolas de Caritat, marquis de   74n
Conein, Bernard   97n
Conrad, Joseph   35, 35n
Constant, Benjamin   16n
Cook, James   74
Cortés, Hernán   69, 71, 73, 77, 78
Courtney, Cecil P.   20n, 56n, 90n
Cussac, Hélène   118n

Dávila, Pedrarias   72
Décultot, Élisabeth   86n
Delon, Michel   6n, 12, 12n, 87, 87n, 88n, 89n
De Pauw, Cornélius   44, 44n, 45, 55, 76, 76n, 78
Derathé, Robert   49n, 69n
Desné, Roland   6n, 65n
Diderot, Denis   1, 2, 3, 3n, 5, 6, 6n, 8, 8n, 9, 10, 11, 11n, 12, 12n, 13, 13n, 14, 14n, 15, 15n, 16, 17, 17n, 18, 21n, 29n, 31, 33, 39, 46, 47, 48, 49, 52, 54, 54n, 55, 56n, 57, 58, 59, 60, 61, 61n, 62, 63, 64, 65, 65n, 66, 69, 73, 74, 78, 79, 80, 82, 83, 86, 87, 89, 89n, 90, 91, 92, 93, 93n, 94, 95, 98n, 101n, 102n, 103n, 104n, 106, 107, 108n, 109, 110, 110n, 111n, 113, 117, 117n, 118, 118n, 119
Dieckmann, Herbert   8n
Diop, David   93n, 98, 98n, 118, 118n, 119, 119n
Dommanget, Maurice   17n
Donaire, María Luisa   68n
Donath, Christian   20n

INDEX

Dorigny, Marcel 65n
Draper, Eliza 86, 86n
Dubreuil, Alphonse du Congé 5, 10
Dubuc, Jean-Baptiste 14, 14n
Duchet, Michèle 3n, 8n, 15n, 54n, 98n, 104n
Du Halde, Jean-Baptiste 66
Dulac, Georges 56n, 90n
Dülmen, Richard van 87n
Du Rozoir, Charles 16, 16n

Ehrard, Jean 102n
Eidous, Marc-Antoine 61n
Ensenada, voir Zenón de Somodevilla y Bengoechea, marquis de la
Exquemelin, Alexandre-Olivier 30n

Fauvelle, François-Xavier 115n
Fernández Sebastián, Javier 68n, 74n
Feugère, Anatole 56, 56n
Florian, Jean-Pierre Claris de 118
Forbonnais, voir Véron Duverger de Forbonnais
Fourcade, Marie 102n
Franklin, Benjamin 78, 78n, 86
Frédéric II de Prusse 88n
Fulda, Daniel 86n

Gallo, Pierino 3, 15n, 39n, 70n, 92n, 116n, 117n
García Regueiro, Ovidio 68n
Garcilaso de la Vega 43, 43n, 44, 44n
Gasca, Pedro de la 72
Gauthier, Florence 118n
Gijón, Miguel 83
Ginzo Fernández, Arsenio 74n
Goethe, Johann Wolfgang von 21, 21n
Goggi, Gianluigi 6n, 7n, 8n, 20n, 54n, 56n, 65, 65n, 86n, 90n, 101n, 102n, 110n
Goulemot, Jean-Marie 93n
Graffigny, Françoise de 93
Grégoire, Henri Jean-Baptiste, dit l'abbé 93, 93n
Greilich, Susanne 39n
Grotius, Hugo 27
Guénot, Hervé 7n, 8n, 16, 89n
Guitton, Audrey 102n, 111n
Guzmán, Nuño de 72

Hartog, François 107n
Heredia, Ignacio de 81, 81n, 82
Hérodote 107n
Heyer, Andreas 93n
Hobsbawm, Eric John Ernest 25n
Holbach, Paul-Henri Thiry, baron d' 5, 9, 10, 15, 87
Hroděj, Philippe 24n, 26n

Israel, Jonathan 69n, 80n, 83n
Izquierdo, Eugenio de 83

Jaucourt, Louis, chevalier de 70, 90, 90n, 95n
Jay, Antoine 16, 16n
Johnson, Charles 30n
Jovellanos, Gaspar de 68, 69
Juan y Santacilia, Jorge 40, 40n

Kamdar, Mira 102n, 108n
Khadhar, Hédia 25n
Klüppelholz, Heinz 38n, 42n
Knox, Henry 75, 75n

La Condamine, Charles Marie de 41, 41n, 45, 45n, 46, 46n
Lacretelle, Pierre-Louis de 16n
Lafarga, Francisco 68n
Lafitau, Joseph-François 107n
La Hontan, Louis-Armand de Lom d'Arce, baron de 93, 93n, 97
Las Casas, Bartolomé de 70, 72
Laugier de Tassy, Jacques Philippe 23, 23n
Lavallée, Joseph 117n, 119n
Le Bris, Michel 31
Leca-Tsiomis, Marie 101n
Locke, John 51n
Louis XVI 3, 5, 9, 29, 87, 88, 88n, 92
Luján Suárez Góngora, Pedro, duc d'Almodóvar 68, 68n
Lüsebrink, Hans-Jürgen 2n, 3, 5n, 6n, 7, 14n, 20n, 23n, 39n, 65n, 87n, 88n, 90n, 93n, 101n, 106n
Luzán, Ignacio de 80

Mably, Gabriel Bonnot de 55
Mackinlay, Augustín 78n, 81n

INDEX

Mallet, Edme-François   88n, 89n, 92, 96n
Malouet, Pierre-Victor   5n, 7, 7n, 8n, 11
Mander, Jenny   20n
Margolin, Jean-Louis   26n
Marmontel, Jean-François   73, 83, 101n
Martin-Haag, Eliane   11n, 15n
Maury, Jean-Sifrein   7
Mauvillon, Éléazar de   40n
Melançon, Benoît   93n
Meléndez Valdés, Juan   68
Mercier, Louis-Sébastien   13
Mercier, Roger   38n
Méricam-Bourdet, Myrtille   44n
Meslier, Jean   17, 17n
Metra, Louis-François   8
Millar, John   95
Milton, John   49
Montaigne, Michel de   107n
Montesquieu, Charles Louis de Secondat, baron de la Brède et de   17, 49, 49n, 55, 75, 115n
Morellet, André   14
Moreno, Mariano   83
Moro, Anton Lazzaro   46
Moutoukias, Zacarias   115n
Musset, Benoît   21n

Naigeon, Jacques-André   9, 10
Nakagawa, Hisayasu   54
Nuix y Perpiñá, Juan   69

Ohji, Kenta   11n, 29, 29n
Olavide, Pablo de   67, 82, 83
Olivié, Franz   35, 35n
Ouellet, Réal   30n, 93n
Ovide   110n

Paine, Thomas   74
Pechméja, Jean-Joseph de   1, 5, 8, 9, 10
Pellerin, Pascale   2, 6n, 12n, 17n
Pellet, Jean-Léonard   20n, 37n, 67n, 87n, 102, 113n
Percy, Thomas   61n
Perronnet, Michel   7n
Piqueras, Ricardo   70n, 72n
Pizarro, Francisco   42, 69, 71
Poivre, Pierre   56, 57, 66
Portillo, José María   68n

Prévost, Antoine-François   27n, 28n, 39, 39n, 90
Proust, Jacques   101n
Pujol, Stéphane   101n

Quesnay, François   43, 43n, 44n, 51n, 58

Rauschenbach, Sina   87n
Raynal, Guillaume-Thomas   1, 2, 2n, 3, 5, 5n, 6, 6n, 7, 7n, 8n, 9, 9n, 10, 11, 11n, 12n, 13, 13n, 14n, 15, 15n, 16, 17, 20n, 21n, 23n, 28n, 29n, 32, 33, 33n, 37, 38, 38n, 39, 39n, 40, 41, 42, 42n, 43, 43n, 44, 45, 49, 50, 51, 52, 53, 54n, 55, 56, 56n, 57, 58, 61, 63, 63n, 64, 65, 65n, 66, 67n, 68, 68n, 72, 75, 76, 78, 79, 80, 81, 81n, 82, 83, 84, 85, 86, 86n, 87, 87n, 88, 89, 89n, 90, 90n, 92, 94, 95n, 96n, 97n, 101, 101n, 102n, 103n, 106, 106n, 107, 109, 109n, 111n, 113, 113n, 114, 115, 117, 119
Rediker, Marcus   35, 35n
Régnier, Philippe   34, 34n
Rey, Alain   22n
Rieger, Dietmar   93n
Robertson, William   78
Robespierre, Maximilien de   9
Roederer, Pierre-Louis   17n
Roubaud, Pierre Joseph André   2, 21, 21n, 22, 23, 25, 26, 27, 28, 29, 30, 31, 32, 33, 35

Saint-Lambert, Jean-François de   1, 9, 9n
Salaün, Franck   14n, 102n
Schandeler, Jean-Pierre   14n
Shaw, Thomas   23n
Siebenborn, Eva   40n
Sloan, Phillip R.   75n
Smith, Adam   21, 22n, 81n
Sonnerat, Pierre   55
Sterne, Laurence   86, 86n
Strugnell, Anthony   12n, 14n, 23n, 39n, 56n, 65n, 86n, 90n, 101n

Tahara, Kyosuke   6n
Tarin, René   6n
Tassin, Étienne   15, 15n
Tassy, Laugier de   23, 23n
Terjanian, Anoush F.   20n, 22n, 25n
Terrades, Yves   2, 21n

Thomson, Ann   21n, 23n, 33, 33n
Tietz, Manfred   2n, 6n, 20n
Treskow, Isabella von   87n
Tricoire, Damien   86n
Tuccillo, Alessandro   95n
Turgot, Anne-Robert-Jacques   74, 81n

Ulloa, Antonio de   40, 40n
Urbain, Ismayl   34n
Urzainqui, Inmaculada   68n

Vandeul, Abel François Caroillon de   8n, 65n
Vandeul, Angélique Diderot, Mme de   8n, 10, 11
Véron Duverger de Forbonnais, François   21, 32, 34, 35

Vickermann-Ribémont, Gabriele   93n
Villiers, Patrick   30n
Vizcardo y Guzmán, Juan Pablo   83
Volpilhac-Auger, Catherine   44n
Voltaire, François-Marie Arouet   9, 17, 17n, 58, 73, 83, 104n, 117n

Washington, George   75, 75n
Weber, David J.   69n, 75n
Whiston, William   46
Wilkinson, James   61n
Woodward, John   46

Zenón de Somodevilla y Bengoechea, marquis de la Ensenada   82
Županov, Ines G.   102n

Printed in the United States
by Baker & Taylor Publisher Services

Printed in the United States
by Baker & Taylor Publisher Services